요미월드 도와줘! 초등 신문 ❶

절대 읽지 마, 신문

흠, 절대 읽지 말라고? 궁금하니 한번 펼쳐 볼까?

이 책의 구성과 특징

사회, 과학, 정치, 세계, 언론 총 5개의 분야에서 선별한 50개의 핵심 주제를 다루었어요.

어려운 단어나 꼭 알아야 할 시사 용어를 초등학생이 이해하기 쉽게 설명해 줘요.

요미월드 친구들이 등장하는 재미있는 만화와 동화로 사회 이슈에 대해 친근하게 접근할 수 있도록 했어요.

앞에서 만화와 동화로 접했던 사회 이슈를 신문 기사로 보여 줘요.

기사가 다루는 이슈에 대해 서로 반대되는 의견을 함께 소개하여, 다양한 의견을 이해할 수 있도록 도와주어요.

신문 기사 내용을 초등학생이 쉽게 이해할 수 있도록 친절하게 풀어 썼어요.

직접 문제를 풀어 보면서 기사를 얼마나 잘 이해했는지 확인하고, 필요한 배경지식도 함께 익힐 수 있어요.

사회 교과서에 나오는 꼭 알아야 할 핵심 개념을 설명하고, 논술 공부에 도움이 되도록 기사 주제와 관련된 배경지식까지 설명해 주어요.

등장인물

채수빈
뛰어난 외모로 요미즈 멤버들 중 가장 인기가 많다. 주로 고소희의 시기와 잔소리에 시달리지만 가끔 고소희에게 뼈 있는 직언을 날리기도 한다.

반민초
요미즈 멤버들 중 가장 늦게 합류한 멤버. 이름과 달리 민트 초코를 무척 좋아하여서 머리색도 민초색으로 물들였다.

고소희
요미즈의 리더. 자신이 요미즈에서 외모와 실력이 가장 뛰어나서 리더가 되었다고 굳게 믿고 있다. 학창 시절엔 살짝 방황도 했지만, 요미즈 멤버가 되고부터는 누구보다 열심히 활동한다.

나다까
화려한 생김새와 달리 순수하며 말투 때문에 일본인으로 오해받지만, 사실은 애국심이 강한 인물.

김요미
여기저기 끼어드는 것을 좋아하는 신비로운 인물로, 외계인으로 의심을 받을 만큼 독특한 외모를 지녔다.

김서아
잘 먹고, 잘 노는 신체 건강한 어린이. 왕성한 식욕을 자랑하지만, 편식이 심해 채소는 절대 입에 대지 않는다. 이연우를 짝사랑하고 있어서 이연우가 오여름에게 관심을 보이면 질투가 폭발한다. 오여름을 단짝 친구이자, 평생의 라이벌로 여기고 있다.

오여름
김서아의 짝꿍. 이연우를 마음에 두고 있지만 내색하지 않는다. 잘난 척이 심하고 공주병이 있다. 김서아와 자주 티격태격하지만 둘도 없는 친구이다.

남기남
이것저것 만드는 요미상사의 대표. 요미상사의 세계화를 꿈꾸며 다양한 시도를 해 보지만, 번번히 실패를 겪고 있다.

이연우
김서아와 같은 반 친구. 소심하고 얌전한 성격이다. 오여름을 좋아하지만, 김서아의 눈치를 보느라 마음을 잘 표현하지 못한다.

한소희
요미상사의 직원. 성함이 명함과 비슷한 건 줄 아는 엉뚱함과 백치미를 지녔지만, 언제나 밝고 에너지가 넘쳐서 미워할 수 없는 인물.

김영우
요미상사의 과장. 사고뭉치 한소희의 뒷수습을 하느라 바쁜 인물이다. 훗날 한소희와 결혼해 김서아를 낳는다.

차례

PART 1 사회

01 **빈부 격차** 두바이 초콜릿을 차지하는 자는 누구? • 14
02 **교권** 수업 중 먹방이 최고야! • 18
03 **학교 폭력** 수업 중에 똥은 참아야지! • 22
04 **저작권** 요미즈의 쌍둥이 그룹이라고? • 26
05 **노동** 최고의 인재가 나타났다! • 30
06 **노키즈존** 탈모 손님의 머리 감기 • 34
07 **다문화 사회** 세계적인 기업이 된 요미상사 • 38
08 **양성평등** 조선 시대로 간 아이돌 그룹 리더 • 42
09 **고령화** 남기남 어르신, 폭삭 늙었수다! • 46
10 **인구 감소** 민초 좀비 세상이 왔다! • 50
11 **의료** 교통사고 환자가 깨어난 이유 • 54

PART 2 과학

01 **바이러스** 민초 좀비가 되돌아왔다! • 61
02 **인공 지능** 과목별 공부 안 해도 되는 이유! • 64
03 **평균 수명** 남기남 사장의 207세 생일잔치 • 68
04 **로봇** 괴수를 물리칠 로봇 K의 탄생 • 72
05 **외계 생명** 요미상사에 납치된 생명체의 정체 • 76
06 **우주 개발** 알롱 마스크와 손잡은 요미상사 • 80
07 **딥페이크** 아이돌 그룹 요미즈의 위험한 과거 • 84
08 **생명 복제** 채수빈을 복제한 요미상사의 기술력 • 88
09 **유전자** 출생의 비밀이 드러난 아이 • 92
10 **자율 주행 자동차** 바다로 향한 지상 최고의 아이돌 그룹 • 96
11 **자연재해** 대피할 때 꼭 챙겨야 하는 것들 • 100

PART 3 정치

01 **다수결 원칙** 아이돌 리더 뽑기 • 106
02 **독재와 민주주의** 요미상사에 불어닥친 새바람 • 110
03 **선거** 고소희가 학생회장이 되려는 이유 • 114

- **04 삼권 분립** 대통령을 꿈꾼 남 시장의 착각 • 118
- **05 헌법과 법률** 엄청난 부끄럼쟁이 시장님 • 122
- **06 계엄령** 한소희 여사, 영웅이 되다! • 126
- **07 부정부패** 고소희, 조선 시대의 위인을 만나다! • 130
- **08 지방 자치** 참 시민상을 거절한 한소희 여사 • 134
- **09 정당** 요미24 편의점의 치열한 권력 다툼 • 138
- **10 여론 조사** 100퍼센트를 만든 그들의 비밀 • 142
- **11 진보와 보수** 요미즈의 신곡 〈비빔밥, 아파?〉 • 146

PART 4 세계

- **01 기후 변화** 북극곰과 맞선 요미상사 직원 • 152
- **02 국제기구** 미얀마에서 만난 천사들 • 156
- **03 위안부 문제** 평화의 소녀상을 훔친 범인은? • 160
- **04 노벨상** 나다까 씨의 원대한 꿈 • 164
- **05 아프리카 국경선** 직선으로 달려가라! • 168
- **06 한류** 케이팝 고스트 헌터스와 악령 아이돌 • 172
- **07 중동 전쟁** 예루살렘으로 간 수상한 한국인 • 176
- **08 무역 전쟁** 삼겹살 식당 회식에서 세운 신기록 • 180
- **09 독도와 영토 주권** 개념 아이돌의 무한 독도 사랑 • 184

PART 5 언론

- **01 언론의 역할** 요미일보 탄생과 참 언론인들 • 190
- **02 기자의 역할** 현장으로 달려간 냉혈 기자 • 194
- **03 가짜 뉴스** 대충일보 오보나 기자의 특종 • 198
- **04 언론의 독립** 홍어라면의 참맛을 알린 기자 정신 • 202
- **05 표현의 자유** 마라탕 괴물이 학교를 덮쳤어! • 206
- **06 언론과 마녀사냥** 대충일보와 요미일보의 언론 전쟁 • 210
- **07 신문과 방송** 김요미 후보를 구출하라! • 214
- **08 뉴 미디어** 요미월드, 세상에 나오다! • 218

PART1
사회

빈부 격차 # 교권 # 학교 폭력 # 저작권
노동 # 노 키즈 존 # 다문화 사회 # 양성평등
고령화 # 인구 감소 # 의료

01
두바이 초콜릿을
차지하는 자는 누구?

 수업 중 먹방이 **02**
최고야!

03
 수업 중에 똥은
참아야지!

04
요미즈의 쌍둥이
그룹이라고?

 최고의 인재가 **05**
나타났다!

06 탈모 손님의 머리 감기

07 세계적인 기업이 된 요미상사

08 조선 시대로 간 아이돌 그룹 리더

09 남기남 어르신, 폭삭 늙었수다!

10 민초 좀비 세상이 왔다!

11 교통사고 환자가 깨어난 이유

사회 01

빈부 격차와 복지
두바이 초콜릿을 차지하는 자는 누구?

    요미24 편의점에는 매일 찾아오는 세 손님이 있어. 이 세 손님이 편의점으로 들어서면 바짝 긴장하는 사람이 있지. 그건 바로 요미24 편의점의 남기남 사장이야. 남기남 사장은 세 꼬마 손님을 싫어했어. 셋이 오면 물건을 사는 데 몇 시간씩 걸렸기 때문이야. 셋은 단번에 고르지 못하고, 늘 진열대를 수십 바퀴 돌며 무엇을 살지 고민하다가 가끔은 빈손으로 나가기도 했어. 그날도 또 셋이 편의점으로 들어왔어. 세 꼬마 손님은 편의점에 새로 들어온 신상품 앞에 서서 한참을 망설였어. 셋이 꽂힌 신상품은 두바이 초콜릿이었지. 김서아가 먼저 두바이 초콜릿을 손에 들었다가 놓았어.

    "이게 그 말로만 듣던 두바이 초콜릿인가? 우아, 맛있겠다!"

    김서아가 다시 놓은 건 가격 때문이었어. 두바이 초콜릿 하나가 무려 8만 원이나 했거든. 용돈이 늘 부족했던 김서아로서는 엄두를 못 낼 금액이었지.

자존심이 센 김서아는 다른 핑계를 대었어.

"아냐. 맛이 별로일 거야. 이건 초콜릿 안에 꿀꿀이죽 같은 게 들었다고 들었어."

그때 오여름이 옆에 있던 신상품 요아정을 김서아에게 내밀었어.

"이건 어때? 요거트와 아이스크림의 절묘한 **배합**으로 혀에서 축제가 열리는 맛이래."

김서아가 고개를 절레절레 흔들었어.

"난 뒤죽박죽 섞은 게 제일 싫어."

요아정도 가격이 만만치 않았어. 하나에 2만 원이나 했지. 그때 이연우가 두바이 초콜릿을 들더니 계산대로 가서 10만 원을 내밀었어.

"이거 하나요!"

오여름은 주머니에서 2만 원을 꺼내어 요아정을 계산했지.

"호호, 딱 맞게 돈이 있었네."

김서아는 3천 원짜리 신상품 탕후루를 쳐다보고 있었어. 하지만 주머니에는 2천 원밖에 없어서 또 딴전을 피웠어.

"이것도 싫어! 먹을 만한 게 하나 없네!"

그때 남기남 사장이 탕후루를 김서아에게 공짜로 주었어. 남기남 사장은 오래전부터 셋을 지켜보았고, 이들 사이에 **빈부 격차**가 있다는 것을 알고 있었어.

'**자산**이 많고 소득이 많은 내가 **저소득층** 아이를 돌보아야지.'

그런데 김서아가 짜증을 내며 탕후루를 거절했어.

"싫어요! 할아버지나 먹어요. 틀니에 설탕 묻히면서요!"

남기남 사장은 버릇없는 김서아의 자존심을 살려 주려고 웃기만 했어.

"헉, 어떻게 알았니?"

남기남 사장의 틀니가 들썩들썩 슬프게 웃는 날이었지. ★

어휘 엿보기

- **배합**(配合)
  이것저것을 일정한 비율로 한데 섞어 합침
- **빈부 격차**(貧富 隔差)
  가난한 사람과 부유한 사람이 지닌 재산의 차이
- **자산**(資産)
  경제적인 가치가 있는 재산
- **저소득층**(低所得層)
  낮은 소득과 낮은 소비 수준을 특징으로 하는 계층

요미월드 신문

초등학생도 양극화 뚜렷

 한 조사 결과에 따르면 우리 사회의 양극화가 더욱 심화되고 있다고 합니다. 경제적 불평등이 세대와 지역별로 뚜렷하게 나타나는데, 이를 잘 보여 주는 사례가 있습니다. 야마초등학교는 부촌, 요미초등학교는 빈곤층이 많이 다니는 학교로 두 학교 학생들의 생활을 추적해 보니 양극화가 뚜렷하게 진행되고 있었습니다.

 100만 원 이상 드는 수학학원에 다니는 학생 비율은 야마초등학교 학생의 경우 전체의 95%에 달하는 반면, 요미초등학교는 35%에 불과했습니다. 간식비에서도 야마초등학교의 학생들은 한 달 평균 37만 원을 쓰고, 요미초등학교 학생은 평균 7만 원을 쓰고 있었습니다. 요미초등학교에 다니는 김서아 양은 "나도 비싼 간식을 사 먹고 싶어요"라며 속마음을 전했습니다.

신문 해설

 양극화는 두 개의 극이 서로 점점 달라지고 멀어진다는 뜻이에요. 사회 양극화란 사회 구성원들이 경제적으로 점점 더 큰 격차가 생기는 현상을 의미하지요. 한 사회가 자산이 많은 자본가와 중산층, 빈곤층으로 구성될 때 중산층이 많고 튼튼하게 형성되면 사회가 안정적으로 유지될 수 있어요. 반면 중산층의 수가 적고 양극단으로 쏠림 현상이 심해지면 사회 구조는 점차 불안정해지지요. 자산이나 소득, 교육 기회 등의 격차가 커지고, 계층 간의 이동도 어려워지게 돼요.

 이런 양극화 현상을 해소하려면 정부에서 복지 정책을 마련해 소외 계층을 지원하는 것이 중요해요. 또한 서비스 산업과 미래 산업을 육성해 일자리를 많이 만들어야 하고, 저소득층 학생의 교육 기회를 높여 주기 위한 다양한 노력과 정책도 꾸준히 이어져야 하지요.

202×년 00월 00일

 "난 학원이 없어져야 한다고 생각해. 비싼 학원을 다니는 아이들은 못 다니는 아이들에 비해 공부를 더 잘할 수 있잖아. 그건 공정하지 않아. 이런 격차는 결국 양극화로 이어지고, 차별로 나타날 수도 있어."

 "우리나라는 자본주의 사회잖아. 강제로 사교육을 없애는 건 말이 안 돼. 그리고 경제적으로 격차가 생기는 건 어느 곳이든 어쩔 수 없이 나타나는 현상이지. 그걸 심각하게 생각할 필요가 없어."

똑똑한 문제와 정리

● 맞으면 ○, 틀리면 × 하세요.

① 양극화는 저절로 생겼다가 저절로 없어진다. ☐

② 고용을 창출하면 양극화 해소에 도움이 된다. ☐

③ 부자와 가난한 이는 타고나는 것이어서 사회적 기회도 차이가 나야 한다. ☐

● 다음 빈칸을 채우세요.

자산이나 소득, 교육의 기회 등의 격차가 크게 나는 현상을 ☐☐☐☐☐ 라고 한다.

교과서 상식 백과

사회 양극화를 해소하기 위해 기업들의 역할을 주문하는 의견도 많아요. 이를 '기업의 사회적 책임'이라고 해요.

기업의 사회적 책임이란 기업이 단순히 이익만 추구하는 것이 아니라, 환경 보호, 윤리 경영, 사회 공헌 등 사회 전체에 긍정적인 영향을 주는 활동을 의미해요.

예를 들어 기업이 취약 계층에 일자리나 사회 서비스를 제공하거나, 영업을 통해 얻은 수익을 사회적 목적에 사용하면 양극화 해소에 도움이 될 수 있지요. 이처럼 기업이 사회적 책임을 실천하는 모습은 사회 발전과 더불어 경제적 격차를 줄이는 데 중요한 역할을 할 수 있답니다.

사회 02

교권과 학생 인권
수업 중 먹방이 최고야!

김서아의 먹방은 쉴 틈이 없어. 사건이 일어난 건 며칠 전 4교시 때였어. 선생님이 친절한 목소리로 말씀하셨지.

"수업 중에 몰래 과자를 먹는 학생이 있는데, 호호!"

선생님이 부드러운 목소리를 날카롭게 바꾸어 계속 말씀하셨어.

"걸리면 반성문 100장이에요!"

"네! 네!"

아이들은 모두 우렁차게 대답했지만 김서아는 침만 꼴깍 삼켰어. 그러고는 아래에 숨겨 두었던 후니버터칩을 뜯었어. 과자 봉지 뜯는 소리를 숨기려고 헛기침을 했지. 에헤헤헴! 선생님이 서아를 향해 씨익 웃으셨어.

"서아가 목이 안 좋구나. 감기 걸렸니?"

"네! 콜록콜록, 우걱우걱, 콜록 쩝쩝, 콜록 냠냠!"

오여름도 참을 수 없었어. 오여름은 데워진 편의점 소시지를 꺼내어서 한입 냉큼 물었어.

선생님이 코를 킁킁대며 냄새를 맡더니 물었어.

"혹시 누가 방귀를 뀐 거니?"

따뜻한 소시지가 방귀 냄새를 닮았다니! 화들짝 놀란 김서아가 입에 있던 음식물을 꿀꺽 삼키고 소리쳤어.

"아이, 이연우 방귀 뀌었어!"

오여름도 김서아를 거들었어.

"이연우가 장이 좀 안 좋아요!"

이연우는 억울했지만, 꾹 참고 친구들의 **만행**을 눈감아 주었지. 김서아와 오여름은 먹방을 멈추지 않았어. 꼬르끼옥불닭, 느리끼리피자까지 쓱싹 해치웠지. 김서아가 통통한 배를 두드리며 오여름에게 낮게 속삭였어.

"점심 급식은 우리 먹지 말자!"

"그래! 더 들어갈 배도 없어."

하지만 먹방은 끝날 수 없었어. 선생님은 사실 다 알고 계셨던 거야. 선생님이 식판에 가득 밥과 반찬을 담아서 둘에게 내밀었어.

"수업 중에 음식을 먹는 건 **교권**을 **침해**하는 거란다. 그 벌로 이걸 다 먹으렴!"

으악, **식감** 최악 가지볶음과 쓴맛을 초장으로 덮으려는 속셈을 가진 그냥 조그만 나무인 브로콜리! 거기에 가시가 백 개가 넘는 갈치 조림이었어. 김서아가 선생님에게 불쌍한 표정을 지으며 항변했어.

"이건 음식이 아니에요. 이걸 다 먹으라는 건 **학생 인권**을 해치는 거라고요!"

그날 이후 김서아는 수업 중엔 먹방을 참고 있단다. ★

어휘 엿보기

- **만행**(蠻行)
  야만스럽게 하는 나쁜 행동
- **교권**(敎權)
  선생님으로서 가지는 권위나 힘
- **침해**(侵害)
  침범하여 해를 끼침
- **식감**(食感)
  음식을 먹거나 씹을 때 입안에서 느껴지는 느낌
- **학생 인권**(學生 人權)
  학생으로서 보호받고 존중받아야 할 권리

요미월드 신문

성적 평가는 교사의 권한

202X년 7월 22일, 요미초등학교 학부모회에서 음악 시험 평가를 다시 해야 한다는 결론이 나와 논란이 되고 있습니다. 담임 선생님이 자신의 주관적인 판단으로 노래 부르기 실기 평가 점수를 매겨, 공정성에 문제가 있다는 의견이 제기되고 있습니다. 이 반의 학생 김서아의 어머니는 "서아는 목소리가 꾀꼬리 같아 무조건 만점을 받아야 했다"고 말했고, 오여름의 아버지는 "여름이가 실기 평가를 위해 백 번 넘게 노래방에 간 노력도 점수에 반영해야 한다"고 주장했습니다. 이에 대해 선생님은 "음악 실기 평가는 박자와 리듬, 성대 울림, 호흡 등을 엄밀하게 보고 점수를 매긴다"며, "수업과 관련한 평가는 오로지 교사에게 있고, 이를 간섭하는 것은 교권을 침해하는 일"이라고 밝혔습니다.

신문 해설

선생님은 학교에서 무척 많은 일을 해요. 학생들을 가르치기 위해 먼저 어떤 내용을, 어떻게 가르칠지 연구하고, 연구한 것을 바탕으로 수업 시간에 맡은 과목을 가르치지요. 시험을 치르고 성적을 평가하는 일과, 학생들의 생활 지도도 해야 하고요. 이런 많은 일을 해내려면 선생님들이 자신 있게 일할 수 있도록 권한이 보장되어야 해요. 선생님이 학생이나 학부모, 그 밖의 타인으로부터 부당한 간섭이나 침해를 받지 않고, 학생을 교육·지도할 수 있는 권리와 권위를 '교권'이라고 해요.

그런데 언젠가부터 학생이나 학부모들로부터 교권을 침해받는 일이 늘어나 사회 문제가 되고 있어요. 수업 중에 일어나는 학생의 방해와 폭력, 학부모들의 과도한 간섭 등으로 고통을 호소하는 교사들이 늘어나고 있지요. 이를 위한 제도적 대비가 필요한 시점이랍니다.

202×년 00월 00일

"선생님의 권한이 더 확대되어야 해. 그래야 학생들을 더 잘 지도할 수 있고, 수업 시간에 떠들거나 친구를 괴롭히는 등 규범을 지키지 않는 학생들에게도 체벌을 통한 생활 지도가 가능하거든."

"선생님이라는 이유만으로 학생을 체벌하거나 통제하는 건 학생의 인권을 침해하는 거예요. 교권 강화가 꼭 올바른 교육으로 이어지는 건 아니라고요. 오히려 선생님과 학생 간의 갈등만 더 키울 수 있어요."

똑똑한 문제와 정리

● 다음 빈칸에 알맞은 말을 쓰세요.

☐☐ 은 선생님이 학생들을 가르치고 학생들의 생활을 지도할 때 가지는 권한을 말해요.

● 아래 문장을 읽고 초성만 있는 빈칸의 단어를 채우세요.

선생님이 보호받고 행사할 수 있는 권한도 지켜져야 하지만, 학생들이 존중받아야 할 권리인 ㅎ ㅅ ㅇ ㄱ 도 보호받아야 해요.

 교과서 상식 백과

학교 폭력이란 학교 안이나 밖에서 학생에게 가하는 폭력, 모욕, 강요 같은 모든 나쁜 행동을 말해요. 친구들끼리 일어나기도 하고, 어른이 학생을 상대로 이뤄지기도 해요. 친구를 때리거나 밀치는 등의 신체적 폭력뿐만 아니라, 따돌림, 욕설, 나쁜 소문을 퍼뜨리는 것 등도 포함돼요.

요즘에는 스마트폰이나 컴퓨터로 SNS, 채팅방에서 험담하고 괴롭히는 온라인 학교 폭력도 많아요. 학교 폭력을 당하면 마음에 큰 상처를 입고 학교생활도 힘들어질 수 있으니 반드시 어른에게 알려서 도움을 받아야 해요.

사회 03

학교 폭력과 예방
수업 중에 똥은 참아야지!

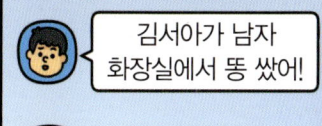

어휘 엿보기

- **협박**(脅迫) 겁을 주어 남에게 억지로 어떤 일을 하도록 하는 것
- **학교 폭력**(學校 暴力) 학교 안팎에서 학생이 다른 학생에게 신체적이나 정신적으로 해를 입히는 모든 나쁜 행동
- **사이버 폭력**(cyber 暴力) 인터넷이나 스마트폰 같은 전자 기기를 이용해서 누군가를 괴롭히거나, 기분 나쁘게 만드는 행동
- **퇴학**(退學) 학생이 학교 규칙을 많이 어겼을 때 더 이상 학교에 다닐 수 없게 하는 것

요미월드 신문

학교 폭력, 법 처벌이 능사?

어제 요미초등학교 김서아 양이 동급생에게 학교 폭력을 당했다고 신고해서 파장이 일고 있습니다. 김서아 양은 같은 학교 동급생으로부터 모욕과 공갈, 협박 등을 당했다고 주장하고 있습니다. 김서아 양에 말에 따르면 동급생은 김서아 양이 수업 중에 남자 화장실에 들어가서 대변을 본 것을 두고, '똥쟁이'라고 모욕했으며 그 사실을 다른 친구들에게 알린다고 협박해서 빵 심부름을 시켰다고 했습니다.

이러한 학교 폭력에 대해 김서아 양의 부모는 서로 다른 입장을 가지고 있습니다. 김서아 양의 엄마인 한소희 씨는 "학교 폭력은 인권 문제이며 강력한 처벌이 뒤따라야 한다"고 했고, 김서아 양의 아빠인 김영우 씨는 "성장기 아이들의 문제는 법적인 제재보다 자신들끼리 풀 문제"라고 선을 그었습니다.

신문 해설

연예인 중에 과거의 학교 폭력 문제로 논란에 휩싸이는 경우가 있어요. 십수 년 전의 일인데도 진실 공방과 논란이 벌어지는 것은 그만큼 학교 폭력이 피해자들에게 큰 상처로 남기 때문일 거예요. 학교 폭력은 학교 안에서 이루어지는 일에만 국한되지 않아요. 학교 안팎에서 학생을 대상으로 일어나는 상해, 폭행, 감금, 협박, 약취, 유인, 모욕, 강요, 따돌림, 사이버 따돌림 등 신체와 정신, 재산상의 피해를 입히는 모든 행위를 말하지요.

교육부는 학교 폭력의 심각성을 고려해 2026년부터 모든 대학 입시에 학교 폭력 가해 기록을 반영하기로 했어요. 따라서 학생부에 학교 폭력으로 인한 징계 기록이 남으면 대학 입시에 불리하게 작용하게 되지요. 친구를 때리거나 돈이나 물건을 빼앗는 행동, 욕을 하는 행동은 절대 해서는 안 된답니다.

202×년 00월 00일

"직접적인 폭력이나 협박은 줄었지만, 요즘은 SNS에서 학교 친구를 모욕하거나 따돌리는 일이 많아요. 사이버 공간에서 이런 행동을 하는 경우에도 강력하게 징계해야 해요."

똑똑한 맞대결

"학교 폭력은 사라져야 하는 게 마땅하지만 요즘엔 징계가 엄한 것을 알아서 친구끼리 해결할 수 있는 것도 학교 폭력으로 신고하기도 해요. 성장기의 갈등을 모두 법적으로 해결하려는 건 또 다른 부작용 같아요."

똑똑한 문제와 정리

- **다음 빈칸에 알맞은 말을 쓰세요.**

학교 폭력을 범하면  에 기록이 남아 대학 입시에 불리하게 작용되어요.

- **아래 중 학교 폭력에 해당하지 <u>않는</u> 것 하나를 고르세요.**

① 온라인 단체 채팅에서 채팅방에 없는 친구를 욕한다.
② 축구를 하면서 강하게 태클해서 발목을 다치게 한다.
③ 친구가 아끼는 연필을 빼앗아서 돌려주지 않는다.
④ 친구의 머리에 음료수를 부으며 놀린다.

 교과서 상식 백과

최근 학생들은 직접 대면해서 대화를 나누는 것 못지않게 온라인에서도 많은 이야기를 나누어요. 온라인 공간에서 서로 지켜야 할 예절을 사이버 예절이라고 해요.

온라인은 가상 공간처럼 느껴지지만 사실 현실의 연장선이기도 해요. 따라서 온라인 공간에서도 상대방을 실제 사람처럼 존중하며 행동해야 하지요. 또한 타인의 입장을 배려하고, 각 온라인 공간의 규칙을 따라야 해요.

욕설이나 상대에게 모욕감을 줄 수 있는 표현은 삼가야 하며, 개인 정보를 유출하거나 무단으로 복사하는 것도 해서는 안 된답니다.

사회 04

저작권 침해
요미즈의 쌍둥이 그룹이라고?

인기 폭발 아이돌 그룹 요미즈에게도 힘든 연습생 시절이 있었어. 이들이 처음부터 대단한 실력을 갖춘 것은 아니었어. 그룹의 리더 고소희는 신입 멤버로 반민초가 왔을 때 놀라 자빠질 뻔했어. 목소리가 감기 든 염소 같아서 얇은 종이가 파르르 떨리듯이 발성했거든. 그때마다 고소희가 반민초를 혼냈어.

"호흡을 잘해야지. 공기 반, 소리 반으로 발성해야 해."

고소희가 시범을 보였어. 하지만 고소희 목소리는 더 최악이었어. 까마귀 반, 까치 반, 마치 화난 새떼가 내는 울음소리 같았지.

이들은 점점 고인 물 아이돌 연습생이 되어 갔어. 데뷔를 앞두고 뮤직비디오를 촬영했지만, 제대로 되지 않아 점점 더 데뷔가 늦어졌지.

기다란 활주로에서 비행기가 착륙하는 걸 배경으로 한 장면을 찍어야 했는데, 비행기 나는 시간을 맞추기가 쉽지 않았어. 촬영 감독은 포기할 수가 없

다며 하늘을 나는 비행기 날개 위에서 노래하며 춤추게도 했어. 채수빈이 덜덜 다리를 떨며 물었어.

"진짜 공중에서 찍어야 해요?"

"2,000미터밖에 안 돼요. 다이빙 장면도 있으니 준비해요!"

촬영 감독 말에 반민초가 눈치 없이 얼른 대답했어.

"프로라면 뛰어야죠."

그렇게 갖은 고생을 하고 등장한 인기 최고 아이돌 그룹 요미즈 멤버들에게 하루는 청천벽력 같은 소리가 들렸어.

"선배님! 이것 봐요! 요마즈란 그룹이 나타났다고 뉴스에 나왔어요!"

반민초가 핸드폰으로 관련 영상을 보여 주며 말했지. 요마즈는 요미즈처럼 세 명이었어. 한 명은 뚱뚱하고, 한 명은 갈색 머리, 한 명은 민트색 머리였지. 반민초가 뚱뚱한 멤버를 손으로 가리키며 웃었어.

"얘는 고소희 선배님을 따라 한 것 같아요!"

그때 고소희가 벌떡 일어나며 화냈어.

"내가 이렇게 못생길 리가 없어. 내 미모는 따라하지 못했나 봐. 노래도 똑같잖아? 이렇게 **표절**하는 건 **저작권**을 침해하는 일이야."

채수빈도 화를 내며 말했어.

"맞아! **창작물**에 대한 예의가 없어. 그리고 얘는 나를 따라했네. 물론 얘는 못나고, 난 예쁘지만!"

이들이 모르는 사실이 있었어. 반민초가 보여 준 영상은 **페이크 뉴스**였고, 영상 속 그룹은 바로 자기들이었지. 그들은 그 사실을 모른 채 계속 영상 속 인물들을 흉보았지. 역사상 가장 똑똑한 아이돌 그룹인 것 같아. 물론 이 말이 농담인 건 알지? ★

어휘 엿보기

- **표절**(剽竊)
  시나 글, 노래 따위를 지을 때 다른 사람이 만든 것을 허락 없이 몰래 쓰는 것
- **저작권**(著作權)
  글, 그림, 음악처럼 누군가가 만든 것에 대해 그 사람에게 주어지는 권리
- **창작물**(創作物)
  독창적으로 지어낸 예술 작품
- **페이크 뉴스**(fake news)
  겉보기에는 진짜 뉴스처럼 보이지만, 사실이 아닌 내용을 일부러 담아서 사람들을 속이려는 뉴스

요미월드 신문

신인 아이돌 그룹, 표절 의혹

 최정상 아이돌 그룹 요미즈를 표절해 논란이 되고 있는 신인 아이돌 그룹이 등장했습니다. 최근 온라인에서는 요미즈 세 멤버의 외모부터 노래, 안무까지 그대로 따라한 요마즈라는 그룹이 화제가 되고 있습니다.
 이에 요미즈의 리더 고소희 양은 "이는 명백히 표절에 해당한다"며 "춤이나 노래 같은 창작물을 표절하는 것은 심각한 위법 행위"라고 전했습니다. 논란이 된 영상을 살펴본 결과, 요미즈 그룹의 대표적인 안무인 '새끼손가락을 하늘 높이 솟구쳐 올리는 동작'까지 똑같이 따라한 것으로 나타났습니다. 또 '언제나 마구마구~ 먹어도 먹어도~ 또, 또, 또, 먹을 테야~'란 가사 역시 베낀 것으로 나타났습니다. 요미즈 소속사는 저작권 침해와 관련해 법적 대응에 나설 계획이라고 합니다.

신문 해설

 저작권이란 창작물을 창작한 이에게 경제적, 인격적으로 권리를 보호해 주는 법적인 제도예요. 노래, 문학 작품, 사진, 미술품, 영화 등 다양한 예술 장르는 창작자가 오랜 시간 아이디어를 떠올리고, 이를 작품으로 만들어낸 결과죠. 그래서 다른 사람이 이 아이디어를 훔치거나 허락 없이 사용하는 것을 법적으로 막고 있어요. 남의 창작물을 함부로 복제하거나 공연, 전시, 배포해서는 안 되는 이유이지요.

 저작권을 침해하는 경우, 민사 또는 형사상 처벌을 받을 수 있어요. 돈으로 물어 주거나 벌금 또는 징역형이 내려질 수도 있지요. 뿐만 아니라 다른 사람의 얼굴이나 신체를 함부로 촬영하거나 유포하는 행위도 해서는 안 돼요. 이러한 권리를 보호하는 것을 초상권이라고 해요.
 연예인이나 정치인 등 공인의 경우는 예외가 있지만, 일반인을 무단으로 촬영하고 유포하면 큰 벌을 받을 수 있어요.

202×년 00월 00일

"요미즈는 아주 유명한 연예인이잖아. 노래와 춤을 모르는 사람이 없을 정도인데 그걸 좀 따라한다고 문제가 돼? 나도 요미즈 그룹의 노래를 부르며 춤추는 영상을 찍어서 올렸는데, 나도 벌 받아야겠네?"

"일반인이 아이돌 그룹의 노래를 따라 부르는 영상을 찍어서 온라인에 올리는 건 괜찮지. 그런데 요미즈 그룹은 똑같이 베낀 내용을 상업적으로 이용한 것이잖아. 그 차이를 알아야지!"

똑똑한 문제와 정리

● 맞으면 ○, 틀리면 ✕ 하세요.

① 남의 창작물을 베끼는 것을 표절이라고 한다. ☐

② 허락받지 않아도 다른 사람의 얼굴을 취미로 촬영하는 것은 문제없다. ☐

③ 남의 창작물을 공연하는 것은 안 되지만, 전시하는 것은 괜찮다. ☐

● 다음 빈칸을 채우세요.

개인이 자신의 얼굴이나 신체가 무단으로 촬영되거나 유포되지 않을 권리를 ☐☐☐ 이라고 한다.

교과서 상식 백과

저작권은 명확히 법적으로 판단하기 어려운 부분도 있어요. 문학 작품이나 노래 같은 경우엔 글과 가사, 음악이 기록되어 남고, 창작자의 이름이 분명히 표시되지만 안무의 경우는 좀 달라요.
어떤 아이돌 그룹의 안무가 다른 아이돌 그룹의 안무와 비슷할 때, 뒤따라 한 쪽을 상대로 저작권 침해를 주장하기는 쉽지 않아요.
안무는 최초 창작자가 분명하지 않은 경우가 많고, 대체로 여러 사람이 함께 작업하기 때문이죠. 현재 안무 저작권에 관한 연구와 논의가 활발히 이루어지고 있답니다.

사회 05

노동과 기업
최고의 인재가 나타났다!

　요미상사의 남기남 사장은 한소희 직원을 처음 봤을 때 뽑지 않으려 했어. 입사 면접 때 실망스러운 모습을 보여 주었거든. 면접 자리에서 남기남 사장이 성함을 물었는데 한소희 면접자가 이렇게 대답했었지.
　"성함요? 명함 같은 건가?"
　남기남 사장이 답답해서 다른 걸 물었어.
　"그럼 연세가 어떻게?"
　"연세요? 저 연세대학교 안 나왔는데……. 고졸이에요!"
　남기남 사장은 당황했어. 쉬운 단어 뜻도 모르는 면접자는 처음 봤거든. 그런데도 한소희 면접자는 아주 당당한 모습이었어.
　"이거 그 면접이죠? 어려운 질문만 콕콕 찔러서 한다는, 그 뭐더라?"
　"아, 압박 면접요? 압박이 무슨 뜻인지는 아세요?"
　"그거잖아요. 앞에서 빡세게! 앞빡!"

'흠, 백치미는 있지만 무슨 일을 하든 열심히 할 것 같아!'

남기남 사장은 고민을 거듭하다가 신입 사원으로 합격시켰지.

요미상사는 빵, 김밥, 도시락 등 편의점에 들어가는 음식을 만드는 회사였고, 한소희 직원은 회사에서 만든 제품을 맛보는 중요한 역할을 했어.

> **어휘 엿보기**
> - **임금**(賃金)
>   근로자가 일을 한 대가로 사용자에게 받는 돈
> - **최저 임금**(最低 賃金)
>   근로자에게 그 아래로 지급하여서는 안 된다고 정한 임금의 액수
> - **기업**(企業)
>   물건을 만들거나 서비스를 제공해서 돈을 버는 곳
> - **노동자**(勞動者)
>   일을 해서 돈을 받는 사람

"이건 좀 더 달아야 해요!, 이건 더 매워야죠. 고춧가루가 혀를 찰싹찰싹 때리는 느낌이 나야 해요!"

한소희 직원은 아침 7시에 출근해서 아침으로 편의점 도시락 세 개를 먹고, 점심이 되기 전까지 과자를 20봉지 정도 맛보았어. 점심때는 요미상사에서 만든 컵라면 7가지를 다 해치웠고, 저녁 전까지는 아이스크림과 초콜릿을 계속 먹었지. 저녁때는 전자레인지에 컵밥을 3개 데워서 먹었고, 야식으로 빵과 치킨까지 먹은 후에 퇴근했어.

늘 아침 7시에 출근해서 밤 10시 지나서 집으로 향했어. 배는 점점 불룩해졌고, 속은 더부룩했어. 우수 사원상을 받았지만, 체중이 6개월 만에 20킬로그램이나 불었어. 한소희 직원이 하루는 남기남 사장에게 면담을 신청했지.

"제 **임금**이 겨우 **최저 임금** 정도인 건 너무해요! 일도 너무 많아요."

남기남 사장은 깜짝 놀랐어. 한소희 직원이 어려운 단어를 알 줄이야.

"하하하, 임금을 인상해 줘야지! 나는 **기업**과 **노동자** 간에 일어나는 노사 문제를 싫어해. 자, 인상된 임금은 이걸로 받게나!"

남기남 사장이 내민 것은 엄청난 양의 빵이었어. 한소희 직원이 함박웃음을 지었어.

"우아, 감사합니다!"

한소희 직원의 백치미는 고쳐지지 않는 병인 모양이야. ★

요미월드 신문

산업 재해 회피하는 고용주

최근 식품을 제조하는 요미상사의 공장에서 일하던 한소희 씨가 높은 업무 강도를 견뎌내지 못하고 극심한 복통을 겪는 일이 일어났습니다. 한소희 씨는 1일 12시간을 넘기는 노동 강도와 과도한 스트레스가 원인이라고 주장했습니다. 식품 제조와 판매를 하는 요미상사는 최근 몇 년 사이 이러한 일이 반복되고 있습니다. 요미상사에서 5년간 재직 중인 김영우 과장은 "우리 회사는 정말 힘들어요. 늘 불안해요"라며 "특히 열악한 노동 환경에서 발생하는 산업 재해에 대해 적절한 보상이 필요하고, 이를 지키지 않는 회사는 엄중하게 처벌돼야 해요"라고 말했습니다.

이에 대해 남기남 대표는 "근로 시간 등을 준수하면 기업 경쟁력이 떨어지며, 처벌만이 산업 재해를 줄이는 방안이 될 수 없다"고 항변했습니다.

신문 해설

기업에 속해 일하는 사람을 근로자(노동자), 이들을 고용한 사람을 고용주(사용자)라고 해요. 노동자와 사용자 간의 관계를 노사 관계라고 하고요. 노사 관계에는 세 가지 중요한 법이 있는데, 바로 근로 기준법·노동조합법·노동 쟁의 조정법으로, 이들을 노동 3법이라고 해요. 근로 기준법에는 임금과 휴가, 노동 시간, 안전 등에 대한 사항들이 포함되어 있는데 매년 정부와 기업, 노동자 대표의 협의로 세부 내용이 조정돼요. 특히 최저 임금은 노동자가 받을 수 있는 가장 낮은 임금을 정한 것으로, 2024년 9,860원에서 2025년 10,030원으로 인상되었고, 2026년에는 10,320원으로 올랐어요. 최저 임금을 정할 때는 의견 충돌이 생기기도 해요. 사용자는 기업 비용 부담을, 노동자는 물가 상승 등을 반영해야 한다고 주장하지요. 정부가 이를 중재하는 역할을 한답니다.

202×년 00월 00일

똑똑한 맞대결

"앞으로는 일주일에 4일만 일하는 '주 4일 근무'로 바뀌어야 해요. 아이슬란드, 벨기에, 카자흐스탄 같은 나라가 시행하고 있는데 직원 복지가 나아지자, 생산성도 향상 되었다고 하니까요!"

"주 4일 근무를 시행하는 건 너무 섣불러! 노동 시간이 짧아지면 제품을 많이 만들 수가 없지! 오히려 다시 일요일만 쉬는 주 6일 근무로 돌아가야 해!"

📝 똑똑한 문제와 정리

● 맞으면 ○, 틀리면 × 하세요.

① 기업에 속해 일하는 사람을 사용자라고 한다. ☐

② 최저 임금은 매년 똑같다. ☐

③ 8시간은 법으로 정해진 1일 최대 근로 시간이다. ☐

● 다음 빈칸을 채우세요.

근로자의 임금과 노동 시간, 휴가 등에 관련한 사항들이 포함된 법을 ☐☐☐☐☐ 이라고 한다.

💡 교과서 상식 백과

노동은 사람이 살아가기 위해 몸이나 마음을 쓰는 활동을 말해요. 경제적으로는 물건이나 서비스를 만들기 위해 사람의 힘을 사용하는 것을 뜻하지요. 하지만 현대 사회에서 노동은 단지 생존을 위한 수단만은 아니에요. 자신의 꿈과 재능을 펼칠 수 있는 활동으로, 노동은 존중받아야 하지요.

그런데도 노동 현장에서는 불합리하거나 열악한 상황이 생기곤 해요. 이때 필요한 것이 노동 인권이에요. 노동 인권이란 노동자로서 보호받아야 할 권리를 뜻하는 것으로, 특히 청소년이나 외국인처럼 취약한 노동자들의 권리에 더 큰 관심이 필요하지요.

정답 ① × ② × ③ ○, 근로 기준법

사회 06

노 키즈 존과 사회 규범
탈모 손님의 머리 감기

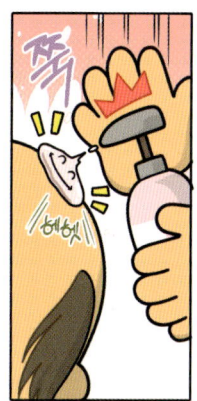

어휘 엿보기

- **예의**(禮義) 사람이 마땅히 지켜야 할 도리
- **혐오**(嫌惡) 싫어하고 미워함
- **노 키즈 존**(No Kids Zone) 아이들의 출입을 제한하는 곳
- **차별**(差別) 둘 이상의 대상을 각각 수준의 차이를 두어 구분함
- **자유**(自由) 얽매이지 않고 자기 마음대로 할 수 있는 상태
- **인권**(人權) 인간으로서 당연히 가지는 기본적인 권리

요미월드 신문

노 키즈 존과 혀 내밀 자유

　202X년 11월 22일, 제주도의 요미카페에서 9살 아이가 진열된 빵마다 혀를 갖다 대어 논란이 일고 있습니다. 9살 아이는 맛만 볼 생각이었다며 항변했지만, 이를 지켜본 손님 A씨가 아이의 아빠 B씨에게 파는 음식에 혀를 갖다 대면 위생상 큰 문제가 된다며 항의했고, 두 사람의 싸움이 시작되었습니다. A씨는 "빵집은 아이의 출입을 금하는 노 키즈 존으로 지정해야 한다"라고 목소리를 높였고, B씨는 "아이가 혀를 내밀 자유를 허용해야 한다"라고 말했습니다. 소란이 계속되자, 카페 대표가 B씨에게 혀를 댄 빵의 빵값을 요구했고, B씨는 아이의 침이 묻은 빵값 '1,352만 7,000원'을 내며 소동이 가라앉았습니다.

 신문 해설

　유아 또는 어린이 손님을 받지 않는 카페나 음식점들이 있어요. 이런 장소를 '노 키즈 존(No Kids Zone)'이라고 해요.

　노 키즈 존을 운영하는 사람들은 아이들이 큰 목소리로 떠들거나, 제멋대로 실내를 뛰어다니는 등의 행동으로 그 장소에 함께 있는 다른 손님들에게 불편을 끼치는 것을 방지하기 위해 노 키즈 존을 지정한다고 하지요.

　이에 대해 어린이를 인격적으로 대하지 않는 규정이라고 항변하는 이들도 있어요. 어른들도 시끄럽게 하거나, 미술관에서 조각상을 함부로 만지는 경우가 있기 때문이에요.

　노 키즈 존에 대한 찬반 여론이 뜨거운 감자로 떠오르자 이에 국가 인권 위원회는 2017년에 '노 키즈 존은 차별'이라는 결론을 내렸어요. 하지만 이 판단은 법적으로 강제로 적용할 수 없는 행정적 수준의 판단이에요. 사람들에게 권유하는 정도에 지나지 않는 것이랍니다.

202×년 00월 00일

"아이들은 참 문제야. 음식점에서 소란을 피워서 다른 사람들에게 피해를 주거나 물건을 함부로 만져서 고장내기도 하잖아. 그러니 노 키즈 존을 운영할지 말지는 가게 주인이 자유롭게 선택하도록 하면 돼."

"노 키즈 존은 차별이에요! 아이들을 인격적으로 대하지 않는 거죠. 어리다는 이유만으로 출입을 금지한다는 것은 말이 안 돼요. 어른이든 아이든 소란을 피우거나 문제를 일으킨 사람만 퇴장시키면 되죠."

 똑똑한 문제와 정리

● 다음 빈칸에 알맞은 말을 쓰세요.

는 민주적인 기본 질서를 지켜 주는 국가 기관으로 국민 개개인의 기본적 인권을 보호하는 일을 해요.

● 사진을 보고 떠오르는 단어를 쓰세요.

 교과서 상식 백과

여론이란 어떤 공공의 문제에 대해 많은 사람들이 공통적으로 가지고 있는 생각이나 의견을 말해요. 사람들이 함께 모여 살다 보면 여러 분야에서 다양한 문제가 생기고, 이러한 문제를 바라보는 사람들의 생각도 다를 수 있어요. 이때 많은 사람이 비슷하게 생각하는 의견을 여론이라고 해요. 여론은 주로 신문, 방송, 인터넷, SNS 같은 매체를 통해 퍼져 나가요. 사람들은 여론에 영향을 받아 생각이나 행동이 달라지기도 하지요. 하지만 여론이 항상 옳은 것은 아니에요. 그렇기 때문에 여론을 그대로 믿기보다는 비판적으로 살펴보고, 올바른 정보와 다양한 목소리를 함께 들어야 해요.

사회 07

다문화 사회와 공존
세계적인 기업이 된 요미상사

"우리 회사에 외국인을 뽑을 순 없어! 그런 말은 다신 하지 마!"

요미상사의 남기남 사장은 김영우 과장이 내민 서류를 집어 던졌어. 김영우 과장이 외국인을 새롭게 직원으로 뽑으려 해서야. 지난번에 뽑았던 한소희 직원이 일을 제대로 하지 못해서 골치 아픈 상태였거든.

"사장님! **국적**이 무슨 상관입니까! 일만 잘하면 되지요."

남기남 사장은 완강하게 거부했어. 남기남 사장은 자신이 한국인인 것을 자랑스럽게 생각했고, **순혈주의**를 고집했지.

"난 외국이 싫어. 그래서 피자, 파스타 같은 음식도 안 먹는다고! 그런 건 다 미개인들이 먹는 거야!"

"사장님! 그렇게 말씀하지 마세요! **인종 차별** 발언이라고 흉봐요."

신입 직원은 계속 뽑을 수 없었고, 세 사람만 요미상사를 계속 이끌어가기 위해 밤낮없이 일하는 날이 이어졌지. 그럼에도 불구하고 요미상사에서 새로운 제품을 만들었어.

"이건 놀라운 제품이야. 어서 시험해 보자고!"

요미상사의 남기남 사장이 리트머스 종이 같은 것을 흔들었어. 남기남 사장이 들고 있는 것은 요미상사에서 새롭게 개발한 유전자 검사기였어. 혈액 한

"쩝쩝, 어쩐지 독일산 소시지가 입맛에 딱 맞더라니."

방울을 이 검사기에 뿌리면 검사기에서 이 사람이 어디 혈통인지 알려 주는 제품이었어. 전체 직원이 모였어. 남기남 사장이 먼저 한소희 직원에게 검사하도록 지시했지. 한소희 직원이 피를 뽑아서 한 방울을 검사기에 뿌렸어. 곧바로 노란 검사기의 색이 파랗게 변했어. 한소희 직원이 깜짝 놀라 소리쳤어.

어휘 엿보기

- **국적**(國籍)
한 나라의 구성원이 되는 자격
- **순혈주의**(純血主義)
순수한 혈통만을 선호하고 다른 종족의 피가 섞이면 안 된다고 여기는 생각
- **인종 차별**(人種 差別)
인종적 편견 때문에 특정한 인종에게 사회적, 경제적, 법적 불평등을 강요하는 일
- **다문화 사회**(多文化 社會)
여러 나라에서 온 사람들이 함께 모여, 다양한 문화와 언어, 종교를 가지고 어울려 살아가는 사회

"어머. 파란색이야. 이건 독일인들에 해당하는 게르만족? 내 안에 독일인의 피가 흐르고 있어!"

그걸 본 남기남 사장이 화를 버럭 냈어.

"그럴 줄 알았어. 외국 피가 흐르다니, 당장 퇴사해!"

다음은 김영우 과장이 검사했어. 김영우 과장의 피는 검사기를 분홍색으로 바꿨어.

"앗! 내가 인도족? 인도인의 피가 흐르다니!"

"뭐? 인도? 김영우 과장도 당장 퇴사해! 나처럼 한국인이어야지."

남기남 사장이 자신의 피를 한 방울 검사기에 떨어뜨렸어. 곧바로 리트머스 종이는 까만색으로 변했지. 한소희 직원이 그걸 보고 깔깔 웃었어.

"사장님은 아프리카네요!"

"끙, 인도인의 피가 흘러도 요가는 너무 어려워!"

남기남 사장이 헛기침하며 황급하게 검사기를 뒤로 숨겼어.

"흠, 다들 퇴사하지 않아도 돼. 이제 **다문화 사회**를 맞이해야지."

알고 보니 요미상사는 국제적인 기업이었던 거야. ★

요미월드 신문

밥 반 공기로 차별하는 기업

최근 물류 회사인 요미상사가 외국인 노동자에 대해 차별적인 대우를 해 비판을 받고 있습니다. 요미상사에는 여러 국적의 외국인 노동자들이 일하고 있는데 이들에게 급식 양을 반으로 줄여 제공하거나, 휴식 시간을 충분히 주지 않은 일이 있었다고 합니다.

요미상사에서 2년 남짓 일해 온 파키스탄 국적 바바르 샤 망기(35세) 씨는 "힘든 일을 하면서 밥을 반 공기만 주는 게 말이 되냐"며 울분을 토로했고, 두 달치의 임금이 밀려 생활이 매우 어렵다고 하소연했습니다.

한국인 직원인 김영우 씨는 "외국인 노동자는 부족한 인력을 채워 주는 중요한 존재이니 한국인과 똑같이 대우해야 한다"고 말했지만, 요미상사 남기남 사장은 "일한 만큼 밥을 주는 것뿐"이라며 논란을 피하려 하고 있습니다.

신문 해설

다문화 사회는 다양한 민족과 문화가 함께 어우러져 살아가는 사회를 말해요. 세계 여러 대륙의 이민자들로 구성된 미국 사회가 대표적인 다문화 사회이지요.

우리나라도 2024년 기준 외국인 인구가 전체 인구의 5%를 넘으면서 다문화 사회로 접어들었어요. 국제 결혼과 외국인 노동자 인구의 증가로 인해 다양한 인종과 문화가 우리 사회에 들어온 거지요.

중국, 베트남, 필리핀 등 아시아계 외국인의 비중이 크지만, 최근에는 미국, 유럽 등 서구권 인구의 유입도 점차 늘어나는 추세라고 해요. 다문화 사회가 되기 전에는 외국인을 멀리하는 분위기도 있었어요. 지금도 서로 다른 언어와 문화 차이로 인한 소통 문제, 차별과 편견의 극복이 과제로 남아 있지요.

다문화 사회는 국제 협력을 강화하고 저출산과 인구 감소, 지방 소멸 문제를 해결할 수 있는 좋은 기회가 되기도 한답니다.

202×년 00월 00일

"우리나라는 오랜 세월 동안 한 민족이 이 땅에 살아왔어. 다문화 사회가 되면 우리 고유의 문화와 풍습이 사라질 수도 있어. 그러니 지금부터라도 더 이상 외국인을 받아들이면 안 돼!"

"다문화 사회로 향해 가는 건 거스를 수 없는 현상이에요. 인구 감소로 인한 노동력 부족을 해결해 줄 수도 있고요. 따라서 서로의 문화를 존중하고 구성원의 일원으로 받아들이려는 자세를 갖춰야죠!"

똑똑한 문제와 정리

● 다음 빈칸에 알맞은 말을 쓰세요.

우리나라는 다문화 사회 이전까지는 한 민족으로만 이루어진 ☐☐☐ 국가였다.

● 아래 중 다문화 사회의 장점으로 인해 극복할 수 있는 우리 사회의 문제점 두 가지를 고르시오.

① 식량 부족　② 인구 감소
③ 지방 소멸　④ 무단 횡단

교과서 상식 백과

하나의 인종으로 이루어진 민족을 단일 민족이라고 해요. 우리나라는 오랫동안 단일 민족 국가로 불리었어요. 그런데 2007년부터 단일 민족 국가라는 표현이 교과서에서 사라졌어요. 우리나라가 점차 단일 민족 국가에서 다문화 사회로 바뀌고 있기 때문이에요.
최근에는 유학을 온 외국인 학생, 다양한 나라에서 일하러 온 외국인 노동자, 그리고 국제결혼으로 가정을 이룬 다문화 가정 등 다양한 문화와 배경을 가진 사람들이 우리 사회에서 함께 살아가고 있어요. 경제협력개발기구(OECD)에서는 외국인이 전체 인구의 5%를 넘으면 다문화 국가로 분류하지요.

사회 08

양성평등과 성차별
조선 시대로 간 아이돌 그룹 리더

　207×년 어느 봄날, 고소희는 수백 년 전의 조선 시대로 가게 되었어. 인기 아이돌 그룹 요미즈가 해체된 후에 일어난 일이지. 고소희는 자신의 유명세를 이어가기 위해 최초로 제작된 타임머신을 타겠다고 신청했고, 한복으로 갈아입은 후 조선 시대로 시간 여행을 하게 되었지.

　고소희가 도착한 곳은 어느 양반집의 대문 밖이었어. 넓은 집 마당에 음식이 가득한 상이 차려져 있었어. 그곳에 마을 사람들이 모여서 흥겨운 잔치를 벌이고 있었지. 고소희는 허락도 받지 않고 냉큼 한 자리를 차지했어.

　"나도 좀 줘요! 여기 파스타나 피자는 없어요?"

　옆자리에 앉아 있던 한 남자가 고소희를 보고 호통을 쳤어.

　"어허, 썩 저리로 가! 여긴 아녀자가 앉는 자리가 아니다!"

고소희가 물끄러미 쳐다보니 그 남자는 이연우와 쏙 빼닮은 거야. 이연우의 할아버지의 할아버지의 할아버지……, 뭐 그 정도 되는 것 같았어. 고소희가 코웃음을 쳤지.

"흥, 그런 게 어딨어요? **양성평등**이란 말도 몰라요?"

누군가 고소희 손을 잡고 다른 쪽으로 끌고 갔어. 오여름을 쏙 빼닮은 여자아이였어. 그런데 그 상에는 먹을 것이 형편없었어. 고소희가 접시에 담긴 나물을 손으로 집어서 던지며 화를 냈어.

"겨우 나물 두 가지에 밥 한 공기? 이걸 먹고 어떻게 힘을 내라고! 이건 **인권**을 무시하는 거야."

오여름을 닮은 아이가 깜짝 놀라서 말리자 고소희가 또 소리를 질렀어.

"라면이라도 끓여 줘! 라면!"

그때 채수빈과 반민초를 닮은 여자들이 나와서 춤을 추며 노래를 시작했어. 보다 못한 고소희가 그쪽으로 다가갔지.

"저리 좀 비켜 봐! 아이돌 연습생보다 못하네."

그러고는 속사포 같은 랩을 하며 춤을 추었어.

"음식엔 **계급**이 없지~ 쌀밥엔 갈비찜~ 싹싹 비벼 먹어 비빔밥~ 육즙 가득 스테이크~ 양반도 머슴도 똑같이~ **성차별** 없이 똑같이 세 그릇씩~."

그 순간 옆에 앉아 있던 남기남을 닮은 남 대감이 버럭 소리를 질렀어.

"네가 조선의 체제를 부정하는 거냐? 어서 저것을 붙잡아라!"

하인들이 우르르 고소희를 향해 달려갔어. 고소희는 깜짝 놀라서 달아나기 시작했지. 고소희가 어떻게 되었냐고? 지금은 208×년, 아직도 고소희는 돌아오지 못하고 있어. 어서 돌아와서 인기 아이돌 그룹 요미즈가 재결성되었으면 해. ★

어휘 엿보기

- **양성평등**(兩性平等)
  남자와 여자 모두가 똑같이 존중받고, 같은 권리와 기회를 가지는 것
- **인권**(人權)
  인간으로서 당연히 가지는 기본적 권리
- **계급**(階級)
  사회에서 신분, 재산, 직업 따위가 비슷한 사람들로 형성되는 집단
- **성차별**(性差別)
  남성이나 여성이라는 이유만으로 받는 차별

요미월드 신문

밥상을 뒤엎은 성차별 논란

　1735년 5월 12일, 조선 영조 때 남 대감의 집에서 이 도령이 한 여성을 차별해 논란이 일고 있습니다. 사건의 발단은 잔칫날, 이 도령이 신분이 낮고 또래인 한 여성에게 식사를 함께 할 수 없다고 자리를 떠나게 한 데서 비롯되었습니다. 오 씨 성을 가진 여성은 신분과 성차별을 당했지만, 꾹 참고 이를 받아들이는 듯했습니다. 하지만 다른 자리에서도 차별은 계속되었고, 결국 이를 지켜보던 한 여성이 참지 못하고 폭발했습니다.

　양반들은 가짓수가 많은 음식을 오 씨 여성에게 먹지 못하게 했고, 지켜보던 여성은 "이건 성차별"이라며 "조선 사회는 서열을 중요시 하는 유교가 근간이지만, 유교의 근본 사상은 인간에 대한 존중과 평등"이라며 커다란 상을 뒤집어 버렸다고 합니다.

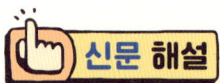
신문 해설

　여성과 남성, 두 가지 성을 가리켜 '양성'이라고 하고, 이 양성이 평등하게 대우받아야 한다는 의미가 양성평등이에요. 양쪽 성별이 권리, 의무, 자격 등에서 차별 없이 고르고 평등해야 한다는 뜻이지요.

　현대 사회 대부분의 국가에서도 양성평등이 완벽하게 실현되고 있지는 못해요. 그래서 선진국이나 이를 지향하는 국가에서는 차별을 받는 여성의 인권을 존중하고, 사회 진출 등에서도 불이익을 받지 않도록 노력하지요. 물론 반대로 남성이 차별을 받는 경우도 있어요. 이처럼 양성평등에 대한 논란은 계속되고 있으며, 우리나라에서는 남성에게만 부여된 국방의 의무를 여성도 함께 져야 한다는 주장도 나오고 있어요.

　양성평등 외에도 기회에 대한 평등, 계급 간 평등, 지역 간 평등도 함께 다루어져야 하는 중요한 과제이지요.

1735년 5월 13일

"평등의 개념은 시대와 사회에 따라 달라지는 거야. 조선 시대엔 평등에 대한 생각이 달라서 성차별이 있었던 거지. 미래 사회에 만약 남자만 군대에 가야 한다면 그것도 역차별로 볼 수 있지 않을까?"

똑똑한 맞대결

"남자만 군대에 간다고 역차별을 당하는 건 아니지. 국방의 의무를 다한 남자들에게는 그 대신 여성이 받지 못하는 혜택을 줄걸. 나랏일을 하는 공무원 시험 등을 칠 때 가산점을 주거나 할 테니까!"

똑똑한 문제와 정리

● 맞으면 ○, 틀리면 ✗ 하세요.

① 조선 시대에는 성차별이 없었다. ☐

② 우리나라는 국방의 의무를 남성, 여성 모두 지니고 있다. ☐

③ 남성과 여성, 성별에 따라 차별을 두는 것을 성차별이라고 한다. ☐

● 다음 빈칸을 채우세요.

남성과 여성, 성별에 차별 없이 권리, 의무, 자격이 동등해야 하는 것을 ☐☐☐☐ 이라고 한다.

교과서 상식 백과

초등 교과서에서는 양성평등을 학생들이 폭넓게 이해할 수 있도록 다양한 방법으로 가르쳐요. 양성평등이 왜 필요한지, 이를 실현하기 위해선 어떤 마음가짐과 인식을 가져야 하는지도 알려주지요.
뿐만 아니라 남성과 여성이 서로의 특성을 존중하고, 편견이나 고정관념을 갖지 않아야 한다고 강조해요. 또 성별에 대한 선입견을 버리고, 남자와 여자라는 생물학적 차이를 사회·문화적으로 단순히 연결지어 생각하지 않는 것이 중요하다고 가르치지요. 초등학교 단계에서는 성별로 인한 불평등이나 차별을 민감하게 인식하는 능력인 '성인지 감수성'을 높이는 것이 중요하답니다.

사회 09

고령화 사회의 현실
남기남 어르신, 폭삭 늙었수다!

어휘 엿보기

- **연령**(年齡) 사람이나 동·식물 따위가 세상에 나서 살아온 햇수로 '나이'를 뜻함
- **제한**(制限) 일정한 한도를 정하거나 그 한도를 넘지 못하게 막음
- **수명**(壽命) 생명체가 태어나서 죽을 때까지 살아 있는 전체 기간
- **출산율**(出産率) 일정 기간에 태어난 아이가 전체 인구에 차지하는 비율
- **고령화**(高齡化) 한 사회에서 노인의 인구 비율이 높아지는 것

요미월드 신문

노인 복지 시설, 이대로 괜찮은가?

우리 사회는 고령 인구의 비율이 늘어나면서 요양 시설이 빠르게 증가하고 있습니다. 그런데 요양 시설이 갖추어야 할 시설이 미비하거나 서비스가 부족해 논란이 일고 있는 요양 시설이 있습니다.

3개월 전 영업을 시작한 요미요양원은 요양 보호사의 수가 적어서 제대로 된 서비스를 제공하지 않고 있다고 합니다. 또 제공하는 식사 역시 형편없어서 문제가 되고 있습니다. 한 층에 거주하는 노인들을 상대로 한 끼 식사에 바나나 6~7개를 갈아 만든 주스를 나누어 주고, 식기도 잘 씻지 않아 위생 상태도 불량한 것으로 드러났습니다. 이런 부실 운영에 대해 요미요양원 남기남 원장은 "사소한 문제로 노인 복지 시설을 탓하면 안 된다"고 주장하고 있고, 이를 제보한 한소희 요양 보호사는 "고령화 사회에 양심 없는 이가 이런 시설을 운영하면 안 된다"고 일갈했습니다.

신문 해설

고령화 사회란 65세 이상의 노인 인구 비율이 전체 인구 구성의 7% 이상인 사회를 의미해요. 한국은 이미 2000년에 고령화 사회에 진입했어요. 하지만 출산율이 낮아지고 평균 수명이 늘어나면서 노인 인구는 더욱 증가할 것으로 예상돼요. 기대 수명 역시 계속 높아지고 있어서 고령화 사회는 우리나라가 직면한 가장 큰 사회적 문제로 인식되고 있어요.

이런 고령화 사회에 나타날 수 있는 문제에는 여러 가지가 있어요.

첫째, 생산 가능 인구가 줄어들어서 국내 경제가 위축될 수 있어요. 둘째, 의료비가 증가해서 국가에서 운영하는 건강 보험과 연금 등의 재정에 문제가 발생할 수 있어요. 셋째, 빈곤한 노인이 많아져서 고독사 등 사회적 문제가 심화될 수 있어요. 실제로 2019년 기준 우리나라의 노인 빈곤율은 43.4%로 OECD 회원국 가운데 가장 높았답니다.

202×년 00월 00일

"나도 노인이야! 하지만 노인이라고 특별하게 대우할 건 없어. 난 친구도 많고, 돈도 부족하지 않아서 여유 있게 취미 생활을 하고 편안한 시간을 보내고 있거든. 특별한 노인 정책 같은 건 필요 없어!"

똑똑한 맞대결

"흥, 자기만 생각하는군요! 고령화 사회로 가는 건 국가적인 문제라고요. 빈곤한 노인들은 고독사를 하기도 하고, 일할 사람이 부족하면 경제 위기를 맞을 수도 있어요. 고령화에 대비한 종합적인 정책을 마련해야죠."

똑똑한 문제와 정리

● 맞으면 ○, 틀리면 × 하세요.

① 고령화 사회는 50세 이상의 노인 인구 비율을 기준으로 정한다. ☐

② 평균 수명이 높아지며 노인 인구가 늘고 있다. ☐

③ 한국 사회는 고령화 사회에 아직 진입하지 않았다. ☐

● 다음 빈칸을 채우세요.

노인이 주변과 단절된 채 홀로 쓸쓸히 죽음을 맞이하는 것을 노인 ☐☐☐ 라고 한다.

교과서 상식 백과

고령화 사회의 또 다른 문제로 세대 갈등이 심해질 수 있다는 점을 거론하기도 해요. 세대 갈등이란 서로 다른 세대 사이의 큰 격차로 인해 서로를 이해하지 못하고 반복적으로 마찰이 생기는 현상을 말해요. 최근 디지털 기술이 빠르게 발전하면서 젊은 세대는 이를 생활에 적극적으로 활용하는 반면, 노인 세대는 적응이 어렵고 소외감을 느낄 수 있어요. 금융이나 다양한 사회 서비스가 온라인 중심으로 바뀌면서 노인 세대의 고립이 심화될 우려도 크지요. 또한, 전통적인 가치와 새로운 가치가 충돌하는 현상도 고령화 사회에서 쉽게 나타날 수 있답니다.

사회 10

인구 감소와 저출산
민초 좀비 세상이 왔다!

    요미24 편의점에서 모든 일이 시작되었어. 남기남 사장이 한눈을 팔던 사이 민초 박사가 주사기로 민초 좀비 바이러스를 과자와 식료품에 넣어 버린 거야. 민트 초콜릿을 줄인 '민초'를 싫어하는 이들이 많았는데 민초 박사는 온 세상을 민초로 뒤덮고 싶어 했지. 전염성이 강한 이 바이러스가 과자와 식료품을 민초맛으로 다 바꾸었어.

    민초깡, 민초송이, 민초 삼각김밥, 미초 떡볶이, 민초 불고기 등등. 이 민초 음식을 먹은 이들은 모두 민초 좀비가 되고 말았지. 뒤늦게 그 사실을 안 남기남 사장이 김서아와 오여름, 이연우가 왔을 때 도움을 요청했어.

    "애들아, 좀비가 되면 사람이라고 할 수가 없잖아. **저출산**으로 **인구 감소** 문제가 심각한데 이러다간 다 소멸될 수 있어."

    김서아가 편의점에 진열된 민초 과자를 심각하게 쳐다보았어.

    "우웩! 난 세상에서 민초가 제일 싫어. 이거 다 반품해 버려요!"

"너 정신을 반품해야겠구나. 이미 바이러스가 퍼질 대로 다 펴졌단다."

김서아도 진작 알고 있었지. 엄마 한소희도 이상해져 있었거든.

"어휴, 엄마 눈동자가 민초색이었어요. 나보고 민초 피자를 먹으라고 했어요."

김서아의 아빠 김영우는 식당에서 민초 된장국을 내놓으라고 소리치며 난동을 피웠어. 민초 좀비가 된 이들이 사회적인 역할을 하지 못하게 되자, 거리에는 쓰레기가 넘쳐났고, 학교도, 은행도, 경찰서도 다 멈추고 말았어. 민초 좀비 사태는 **수도권 집중** 현상을 보이다가 점차 중소 도시와 농촌까지 퍼졌지.

> **어휘 엿보기**
>
> - **저출산**(低出産)
> 사회 전체적으로 아기를 낳는 사람이 점점 줄어들고, 태어나는 아기의 수도 적어지는 현상
> - **인구 감소**(人口 減少)
> 어떤 나라나 지역에서 사람 수가 점점 줄어드는 현상
> - **수도권 집중**(首都圈 集中)
> 수도권에 인구, 기업, 일자리, 문화, 의료 시설 등 여러 가지 자원과 활동이 한곳에 많이 모여 있는 현상
> - **농촌 이탈**(農村 離脫)
> 농촌(시골)에서 사람들이 도시로 떠나는 현상

농촌에는 인구가 많지도 않았는데 민초맛을 찾아 **농촌 이탈** 현상이 나타났어. 논밭의 농작물은 시들어갔고, 이 사태를 막기 위한 방법은 없어 보였다.

남기남 사장과 오여름, 이연우가 머리를 모으고 이야기를 나누고 있을 때 김서아가 보이지 않았어. 김서아는 그새를 못 참고 냉장고의 탄산음료를 몰래 꺼내어 마시려 한 거야. 그런데 탄산음료를 흔들었는지 뚜껑을 따자, 폭발하듯이 음료가 솟구치며 주위에 뿌려졌어. 그런데 놀라운 일이 벌어졌어. 민초 색으로 변해 있던 과자들이 탄산음료가 닿자, 원래대로 되돌아온 거야. 남기남 사장이 그걸 보고 소리쳤어.

"저거야! 저게 바로 민초 좀비 바이러스의 백신이야!"

남기남 사장과 아이들은 탄산음료를 들고 다니며 뿌리기 시작했고, 세상은 점차 원래의 세상으로 되돌아왔어. 김서아는 백신을 발견한 공로로 큰 상을 받게 되었어. 김서아가 상장을 받으며 외쳤어.

"상품은 없어요? 맛난 것 좀 줘요!"

상품은 민트 초콜릿 치킨 평생 이용권이었지. ★

요미월드 신문

초등학교 학생 수, 급감

요미초등학교의 학생 수가 점점 줄어들고 있다는 소식입니다. 202×년 현재 요미초등학교의 학생 수는 282명으로, 재작년 335명, 작년 302명에 비해 격감한 수치입니다. 이처럼 초등학교의 학생 수가 줄어들고 있는 현상은 수도권과 지방 등 전국적으로 일어나고 있습니다.

요미초등학교 인근에서 요미24 편의점을 운영하는 남기남 사장은 "편의점을 찾는 아이들의 수가 현저하게 줄어서 장사가 너무 안 되고 있다"고 하소연하며 "인구 감소 현상이 지속되면 국가 경제에까지 악영향을 끼칠 것 같다"고 우려를 표했습니다. 요미초등학교 오여름 양은 "집마다 아이가 하나면 더 소중하게 기를 수 있어서 아이들에겐 좋다"며 "부모님이 무엇이든 사 주고, 먹고 싶은 것도 마음대로 먹을 수 있어서 더욱 좋다"고 덧붙였습니다.

신문 해설

우리나라는 현재 '인구 감소 국가'에 속해요. 인구 감소 국가는 저출산과 고령화 때문에 인구가 점점 줄어드는 나라를 말해요. 2023년 기준으로 전 세계 237개 나라 가운데 40개 나라가 여기에 해당하지요.

인구가 줄어들면 '인구 절벽'이라는 현상이 나타나요. 인구 절벽이란 15세에서 64세까지의 '일할 수 있는 나이'의 사람이 빠르게 줄어드는 것을 말해요. 만약 일할 수 있는 사람은 적어지고, 일하기 힘든 노인의 수만 늘어난다면, 소수의 사람이 다수를 떠받치는 불균형한 사회가 될 수 있어요.

또한 지방의 작은 도시에서는 인구가 대도시로 빠져나가 학교가 없어지거나 마을이 점점 쇠퇴하는 문제도 생기고 있지요. 그래서 정부와 시민 단체에서는 결혼과 출산을 늘릴 수 있는 여러 가지 방법을 고민하며 노력하고 있답니다.

202×년 00월 00일

"나라에서 결혼한 사람들에게 강제로 아이를 낳게 해야 해. 최소 아이를 셋은 낳게 해야지. 인구가 증가해야 국가 경제에 도움이 되고, 더 부강한 나라가 될 수 있으니까."

"아이를 낳는 건 개인의 선택에 맡겨야죠! 얼마 전 결혼한 선생님도 아이를 낳지 않을 거래요. 아이를 키우는 데 돈이 많이 들어서 잘 키울 자신이 없대요."

똑똑한 문제와 정리

● 맞으면 ◯, 틀리면 ✕ 하세요.

① 인구 절벽이 되면 국가 경제가 발전한다. ☐

② 인구 감소의 가장 큰 원인은 저출산과 고령화 현상이다. ☐

③ 지방 소도시에서 인구가 빠져나가 수도권에만 사람이 집중되는 것은 바람직하다. ☐

● 다음 문장을 읽고 초성만 있는 빈칸의 단어를 채우세요.

15세에서 64세까지의 생산 가능 인구가 급격히 감소하는 것을 ㅇ ㄱ ㅈ ㅂ 이라고 한다

교과서 상식 백과

우리나라 인구 변화에는 몇 가지 특징이 있어요. 인구 감소, 도시화, 저출산, 고령화 등이에요. 과거에는 우리나라 인구가 꾸준히 증가했어요. 1950년대 한국 전쟁을 겪은 후, 한국 사회는 산업화에 매진해 크게 발전했어요. 이 과정에서 국가는 일할 수 있는 사람을 늘리기 위해 출산을 장려하는 정책을 펴기도 했지요.
하지만 2000년대 들어서면서 상황이 바뀌기 시작했어요. 출산율 감소와 고령화로 인해 인구가 점점 감소하기 시작했지요. 또한 일할 수 있는 사람이 급격히 줄자 외국인 노동자가 많아졌고, 이로 인해 우리 사회는 자연스럽게 다문화 사회로 변하고 있어요.

사회 11

의료 대란과 대책
교통사고 환자가 깨어난 이유

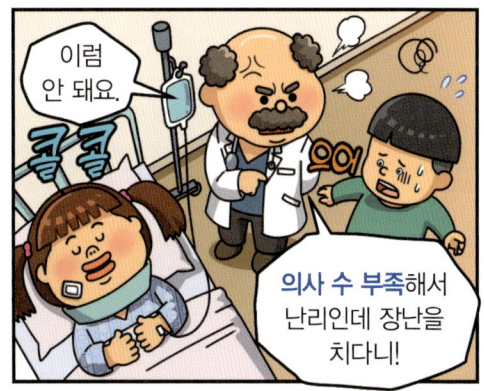
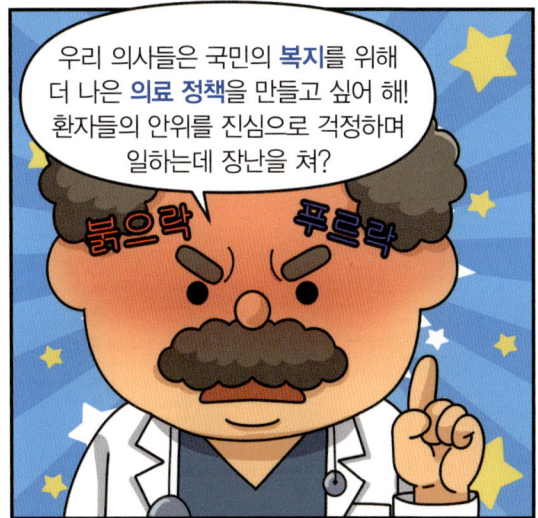

어휘 엿보기

- **후유증**(後遺症) 병을 앓고 난 뒤에도 몸에 계속 남아 있는 불편한 증상
- **의사 수 부족**(醫師 數 不足) 의사가 충분하지 않아서 병원이나 의원에서 환자를 돌볼 사람이 모자라는 현상
- **복지**(福祉) 행복한 삶
- **의료 정책**(醫療 政策) 정부(나라)가 국민의 건강을 위해 만드는 여러 제도와 계획

요미월드 신문

의료 대란으로 응급 진료 거부

 어젯밤 극심한 복통으로 응급실을 찾아갔던 환자가 잇따른 진료 거부로 인해 밤새 네 곳의 응급실을 전전하는 일이 벌어졌습니다. 김영우 씨는 자신의 딸 김서아 양이 갑자기 복통을 호소하자 H병원 응급실을 찾았지만, H병원 응급실 담당자는 "의료 대란으로 의사 수가 부족해 경미한 환자는 진료할 수 없다"며 진료를 거부했습니다. 이에 다시 L병원 응급실을 찾았지만 상황은 같았습니다. 응급실 담당자 남기남 의사는 "전공의 사직으로 응급실 인력이 절반으로 줄어 환자를 받기 힘든 상황"이라고 설명했습니다. 네 곳의 응급실을 돌던 김영우 씨는 결국 딸을 데리고 집으로 돌아가야 했습니다. 다음 날 검사 결과, 서아 양의 복통은 다행히 큰 병이 아니라 단순한 변비에서 비롯된 것으로 확인됐습니다.

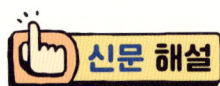

신문 해설

 2024년 2월, 정부가 의대생을 약 5,000명으로 늘리겠다고 발표하자 의사와 의대생들이 집단 반발해 '의료 대란'이 일어났어요. 우리나라 의대 입학 정원은 원래 3,000명 정도였는데, 갑자기 2,000명을 더 늘린다는 정부의 발표에 교수와 학생, 많은 의사들이 반대했고, 일부 의사들은 병원을 떠나기도 했어요. 이로 인해 의사 수가 부족하게 되자, 환자들이 제때 진료와 치료를 받지 못하는 일이 벌어졌어요. 의사 단체들은 의사 수가 부족한 것이 아니고, 그보다는 피부과, 성형외과 등 특정 진료 과목에 의사들이 쏠리는 현상과 의료 환경 개선이 더 중요하다고 주장했어요.
 새로운 정부가 들어선 뒤 병원을 떠났던 의사들이 복귀하고 있지만, 보건복지부 등이 의사 단체와 환자 모두를 위한 의료 정책을 마련하는 데에는 여전히 여러 어려움이 있다고 해요.

202×년 00월 00일

"의사들이 의료 정책이 마음에 들지 않는다고 파업하고 진료를 거부하는 건 무책임한 일이에요. 사람의 생명을 다루는 일을 하는 의사들은 어떤 일이 있더라도 병원을 떠나면 안 되죠!"

"전공의들이 빠져나간 데엔 이유가 있어요. 정부가 일방적으로 의사 수를 2,000명이나 늘리겠다고 했잖아요. 의료 환경을 개선하려면 의사 수만 늘려선 안 돼요. 의사들도 자신의 목소리를 내기 위해서 파업도 할 수 있는 거죠."

똑똑한 문제와 정리

● 다음 빈칸에 알맞은 말을 쓰세요.

의사나 병원이 부족해서 많은 환자들이 어려움과 혼란을 겪는 것을 ☐☐☐☐ 이라고 해요.

● 문장을 읽고 초성만 있는 빈칸의 단어를 채우세요.

행정부 기관 중 ㅂ ㄱ ㅂ ㅈ ㅂ 에서 의료 정책 등 국민의 건강과 삶의 질을 향상하기 위한 일을 주로 하고 있어.

교과서 상식 백과

이르면 2026년 초등학교 보건 교과서에 상처나 증상이 가벼운 환자는 응급실 이용을 자제해야 한다는 내용이 실릴 것으로 보여요. 초등학교 보건 교과서에는 응급 의료에 관한 이용 수칙과 응급 상황이 발생했을 때 대응하는 방법 등을 싣는데, 이 내용 중에 경증 환자는 응급실을 무분별하게 방문하지 말도록 하는 내용을 담을 계획이라고 해요.

이는 우리나라의 우수한 의료 체계와 건강보험 제도 덕분에 누구나 쉽게 진료를 받을 수 있지만, 그로 인해 정작 긴급한 치료가 필요한 중증 환자들이 불편을 겪는 경우가 있었기 때문이지요.

PART2 과학

바이러스 # 인공 지능 # 평균 수명 연장
로봇 # 외계 생명 # 우주 개발 # 딥페이크
생명 복제 # 유전자
자율 주행 자동차 # 자연재해

01
민초 좀비가 되돌아왔다!

02
과목별 공부 안 해도 되는 이유!

03
남기남 사장의 207세 생일잔치

04
괴수를 물리칠 로봇 K의 탄생

05
요미상사에 납치된 생명체의 정체

06
알롱 마스크와 손잡은 요미상사

07
아이돌 그룹 요미즈의 위험한 과거

09
출생의 비밀이 드러난 아이

08
채수빈을 복제한 요미상사의 기술력

10
바다로 향한 지상 최고의 아이돌 그룹

11
대피할 때 꼭 챙겨야 하는 것들

과학 01

바이러스와 질병
민초 좀비가 되돌아왔다!

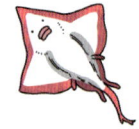

　오래전 민초 좀비 **바이러스**가 **창궐**했을 때 김서아와 오여름, 이연우의 활약으로 사태를 진정시킬 수 있었어. 김서아는 **백신**을 발견한 공로로 상을 받기도 했었지.
　그런데 얼마 지나지 않아 민초 좀비 바이러스가 다시 나타났어. 세 아이는 별로 긴장하지 않았어. 김서아는 하품을 길게 하며 딴전을 피웠어.
　"아함, 그깟 민초 좀비 바이러스는 탄산음료로 싹 해치울 수 있지."
　"맞아! 우리가 다시 활약할 때가 되었네."
　오여름이 맞장구를 칠 때 이연우가 휴대폰을 바라보며 칭얼거렸어.
　"어? 얘들아, 교육부에서 학교에 정상 등교하라고 했대."
　"후유, 나라가 망했는데 등교라니!"

셋은 발길을 학교로 돌렸어. 그런데 상황은 생각했던 것보다 심각했어. 교장 선생님은 눈동자가 민초색으로 변해서 아이들을 잡으러 다니고 있었어.

"우어어, 민초 안 먹으면 다 빵점이야!"

교장 선생님 몸은 민초 좀비 바이러스의 **숙주**가 되었는지 피부색도 민초색으로 변해 있었어. 셋은 교장 선생님을 피해 교실로 들어갔지. 교실은 텅 비어 있었어. 교실 앞의 텔레비전 화면에서는 뉴스를 전하는 앵커가 말하다 말고, 민초 좀비로 변했어.

"뉴스를 전해 드리겠습니다. 민초 좀비들이 거리를 누비고 있으니 집에서 나오지 마세요. 오오오, 루럴럴러럴, 민초를 먹자! 민초를 먹자!"

뉴스를 전하던 사이 옆에 있던 좀비가 된 보조 앵커가 앵커의 입속에 민초 사탕을 집어넣었던 거야.

셋은 학교를 나와서 요미24 편의점으로 갔어. 탄산음료를 잔뜩 사서 민초 좀비들에게 뿌리기 시작했지.

"어? 아무 효과가 없어. 왜 이러지?"

그때 남기남 사장이 홍어즙을 양동이에 듬뿍 담아왔어.

"바이러스가 돌연변이를 일으켜서 탄산음료로는 안 돼. 이 홍어즙을 뿌려야 한다고!"

세 아이가 그 말을 듣고 홍어즙을 민초 좀비들에게 뿌려댔지. 효과가 있었어. 민초 좀비 돌연변이 바이러스의 백신은 홍어즙이었던 거야.

그날 이후 원래대로 돌아온 사람들이 음식에 홍어즙을 뿌려 먹어댔지. 피자에도 홍어즙, 파스타에도 홍어즙, 된장에도 홍어즙, 세상은 온통 홍어즙으로 뒤덮였어. 시큼털털한 요미 세상이 되었지. ★

> **어휘 엿보기**
>
> • **바이러스**(virus)
> 동물, 식물, 세균 등 살아 있는 세포에 기생하고, 세포 안에서만 증식할 수 있는 비세포성 생물
>
> • **창궐**(猖獗)
> 못된 세력이나 전염병 따위가 세차게 일어나 걷잡을 수 없이 퍼짐
>
> • **백신**(vaccine)
> 우리 몸이 병에 잘 걸리지 않도록 도와주는 특별한 물질
>
> • **숙주**(宿主)
> 기생 생물이 살아가거나 증식하기 위해 머무르거나 영양분을 얻는 생물

요미월드 신문

생명을 위협하는 바이러스 출현

최근 요미시에 코로나19(코로나바이러스감염증-19)가 다시 발생해 보건 당국이 긴장하고 있습니다. 2020년 1월부터 세계를 긴장시켰던 코로나19로 인해 팬데믹 동안 무려 700여만 명의 사람들이 목숨을 잃은 것으로 집계되었습니다. 코로나19는 감염자의 침 등을 통해 호흡기, 눈과 코, 입의 점막으로 전염되는 특성을 보였고, 감염되면 약 2주간의 잠복기를 거쳐 열이 나고, 기침 등의 증상이 나타났습니다.

최근 다시 확산되고 있는 코로나19의 첫 감염자는 요미초등학교에 다니는 이연우 군으로, 마스크를 착용하지 않아 친구인 김서아, 오여름 양에게 전염시켰다고 합니다. 이연우 군은 "바이러스에 감염되는 건 막을 수 없다"고 했지만, 오여름 양은 "백신을 접종하지 않은 이연우가 문제"라고 불만을 드러냈습니다.

신문 해설

바이러스는 다른 유기체의 몸을 숙주로 삼아 살아가는 생물과 무생물의 중간 정도 되는 존재예요. 스스로는 살아갈 수 없어서 다른 유기체에 기생해서 증식하지요. 인류를 전염병의 공포에 떨게 하는 것들이 바로 이런 바이러스예요. 천연두 바이러스, 간염 바이러스, 코로나바이러스, 인플루엔자바이러스 등 매우 다양한 종류가 있어요.

천연두 바이러스는 역사적으로 약 3억 명의 생명을 앗아간 무서운 전염병을 일으켰어요. 한 번 발병하면 고열이 나고 피부에 수포가 생기며 고통받다가 목숨을 잃게되지요. 전염성이 매우 강해서 주기적으로 유행했고, 오랫동안 원인과 치료법이 밝혀지지 않았어요.

그러다 19세기 영국 의사 에드워드 제너가 종두법을 고안한 뒤로 사망자가 점차 감소했어요. 세계보건기구(WHO)는 1979년에 천연두가 완전히 박멸되었다고 공식적으로 선언했지요.

202×년 00월 00일

"바이러스는 인류와 언제나 함께해왔어. 계속 진화하기 때문에 완전히 막는다는 건 불가능한 일이야. 그니 바이러스에 감염되더라도 누굴 탓할 순 없어!"

"바이러스는 사람의 생명을 앗아갈 만큼 위험해. 바이러스가 쉽게 침투하지 못하도록 환경을 잘 관리하고, 백신을 미리 접종하면 얼마든지 예방할 수 있어."

똑똑한 문제와 정리

● 맞으면 ○, 틀리면 × 하세요.

① 에드워드 제너가 종두법을 발명했다. ☐

② 간염도 바이러스에 의해 전염된다. ☐

③ 천연두는 아직 사라지지 않은 가장 위험한 바이러스이다. ☐

● 다음 빈칸을 채우세요.

전염병이 세계적으로 크게 유행하는 현상을 ☐☐☐ 이라고 한다.

교과서 상식 백과

사스, 메르스, 파상풍, 결핵, 수두, 홍역, 수족구병, 일본뇌염 등은 바이러스로 인해 발생하는 대표적인 질병이에요. 2000년대 이후 우리나라에 퍼진 주요 바이러스로는 사스(2002년), 신종인플루엔자 A(2009년, 이하 신종플루), 메르스(2012년)가 있어요.

이 중 중증급성호흡기증후군이라 불리는 사스(SARS-CoV)는 2002년 중국에서 시작돼 불과 몇 달 만에 홍콩과 캐나다 등 전 세계로 확산됐던 신종 전염병이에요. 사스의 원인 병원체는 사스 코로나바이러스이며, 당시 전 세계적으로 8,096명의 확진 환자가 발생해 큰 사회적 불안과 공포를 불러일으켰지요.

과학 02

인공 지능과 미래
과목별 공부 안 해도 되는 이유!

김서아는 월요일에 단원별 평가를 하는 데도 주말에 공부하지 않았어. 엄마 아빠와 함께 차를 타고 여행을 갔지. 출발하는 차 속에서 엄마 한소희가 걱정이 되어 김서아에게 물었어.

"서아야, 네가 지금이라도 공부하겠다면 여행을 취소할 수 있어."

"아니요. 공부 안 해도 돼요. 과목별 공부 안 해도 되는 이유 알려드려요?"

한소희가 의아한 표정을 지으며 딸을 쳐다보았어.

"대단한 생각을 한 모양이네. 그럼 국어 공부는 왜 안 해도 돼?"

김서아가 뒷자리에서 안전벨트를 풀더니 춤을 추며 노래를 불렀어.

"과목별로 공부 안 해도 되는 이유~ 완벽 논리로 알아봐~ 국어! 우리 말인데 왜 배워~ 수학! 그냥 계산기 쓰면 돼~ 영어! 외국 가서 살 것도 아님~ 과학! 평소에 실험할 일 없음~"

한소희가 점점 치밀어 오르는 화를 억눌렀어.

"그럼 또 다른 과목은?"

"역사! 과거는 집착하면 안 돼~ 도덕! 나 원래 착하게 태어났음~ 체육! 지금도 숨쉬기 운동함~ 미술! **인공 지능**이 알아서 그려 줄걸~"

"어휴, 그것도 핑계라고! 도저히 안 되겠어. 차 돌려서 집으로 가요!"

엄마의 불호령에 아빠 김영우가 차를 돌리며 말했어.

"서아 말이 맞기도 해요. 앞으로 인공 지능이 점점 더 발달하면 굳이 공부하지 않아도 될 거예요. 인공 지능은 학습, **추론**, 판단하는 과정을 인간의 두뇌 작동 방식인 **딥 러닝** 방식으로 해서 인간이 할 일을 대신해 주거든요."

서아도 아는 체하며 거들었지.

"에어컨이 사람이 있을 때 스스로 작동해서 시원하게 해 주잖아요."

"맞아! **알고리즘**으로 소비 패턴을 분석해서 상품을 추천해 주기도 하고, **음성 명령**을 이해하고 질문에 답해 주거나 명령을 이행하기도 하지."

한소희가 처음 들었다는 듯이 따졌어.

"흥, 서아는 단지 공부하기 싫어서 저런 거예요. 어디 내 앞에서 음성 명령이 뭔지 보여줘 봐요."

김영우가 차를 다시 움직이며 내비게이션에 음성을 인식시켰어.

"내 질문에 어떻게 대답하는지 잘 들어봐요. 흠흠, 내 방엔 커다란 침대가 있어. 네 방엔 뭐가 있니?"

곧 차량 내비게이션의 인공 지능 음성이 흘러나왔어.

"전~방에 과속 방지턱이 있습니다!"

안전벨트를 풀고 있던 김서아가 앞으로 고꾸라지고 말았지 뭐야. ★

어휘 엿보기

- **인공 지능**(人工 知能)
  컴퓨터가 사람처럼 생각하고 배우는 능력을 갖추도록 만든 기술
- **추론**(推論)
  주어진 정보나 단서를 바탕으로 새로운 결론을 이끌어내는 사고 과정
- **딥 러닝**(deep learning)
  컴퓨터가 마치 사람의 뇌처럼 스스로 생각하고 배우는 기술
- **알고리즘**(algorism)
  어떤 문제를 해결하기 위한 단계적 절차나 규칙의 집합
- **음성 명령**(音聲 命令)
  사람이 말로 기기나 컴퓨터 등 전자 기기에 명령을 내리는 방법

과목별 공부 안 해도 되는 이유

수학
그냥 계산기 쓰면 돼~

역사
과거는 집착하면 안 돼.

미술
인공 지능이 알아서 그려 줄걸~

요미월드 신문

챗 GPT로 과제물을 제출해?

　요미초등학교에서 열린 과제물 대회에서 인공 지능을 활용해 작성한 작품이 대상을 수상하면서 논란이 커지고 있습니다. 며칠 전, 요미초등학교에서는 '과학이 미래 사회를 어떻게 바꿀 것인가?'라는 주제로 글을 작성해 제출하도록 하고, 이를 평가해 시상하기로 했습니다. 그런데 참가자 중 유일하게 김서아 양만이 챗 GPT를 활용해 과제물을 제출한 사실이 드러났고, 이에 시상 취소 여부를 두고 논의가 이어지고 있습니다.

　김서아 양은 챗 GPT에게 주제를 주고, 이에 맞는 글을 작성해 달라고 요청했고, 챗 GPT는 대학원생 수준의 보고서를 준 것입니다. 김서아 양은 "앞으로 인공 지능 시대가 올 것이기 때문에 인공 지능을 잘 활용하는 훈련이 꼭 필요하다"고 강조하며, 자신이 대상을 받는 것이 마땅하다고 주장하고 있습니다.

신문 해설

　인간의 사고 능력을 지닌 컴퓨터를 인공 지능(AI)이라고 해요. 인공 지능은 사람처럼 학습하고, 추론하고, 지각할 수 있는 능력을 갖추고 있어요. 챗 GPT는 인공 지능 연구재단인 '오픈에이아이'가 개발한 대화 전문 인공 지능 챗봇으로, 방대한 데이터를 빠르게 처리할 수 있어, 어려운 질문에도 신속하고 정확하게 대답할 수 있어요.

　최근 인공 지능은 장편 소설이나 분량이 많은 보고서도 금세 완성할 수 있을 만큼 발전했어요. 또 사물을 인식하고 구분할 수 있는 단계를 넘어 동물의 표정까지 읽어낼 수 있을 정도로 정교해졌지요.

　이런 인공 지능의 놀라운 능력은 다른 과학 기술 발전에 긍정적인 영향을 주지만, 우려되는 부분도 있어요. 인공 지능이 사람들의 직업을 대신해 실업률이 높아질 수 있고, 어떤 과학자들은 인공 지능이 인간에게 커다란 위협이 될 수 있다고 경고하기도 하지요.

202×년 00월 00일

"인공 지능 시대가 시작되었잖아요. 이제 인공 지능을 얼마나 잘 활용해서 실생활에 적용하느냐가 중요해요. 머리 아프게 직접 과제를 하는 것은 어리석은 짓이에요."

"과제 평가는 단순히 결과만이 아니라 학생의 사고력과 성실함까지 보는 거야. 교장인 내 입장에서 보면, 과제를 대신 맡기는 것은 그런 목적을 무너뜨리는 것이기 때문에 결코 용납할 수 없어."

똑똑한 문제와 정리

● 인공 지능에 관한 설명으로 **틀린 것** 두 가지를 고르세요.

① 인공 지능이 소설을 쓸 수는 없다.
② 자율 주행에 인공 지능이 적용되어 있다.
③ 인공 지능은 인간의 적이 될 수 없다.
④ 챗봇은 대표적인 인공 지능이다.

● 다음 문장을 읽고 빈칸을 채우세요.

챗 ☐☐☐ 는 대화형 인공 지능이다.

교과서 상식 백과

인공 지능을 기능적인 차이와 발달 단계에 따라 크게 두 가지로 나누기도 해요. 약인공 지능과 강인공 지능이지요. 약인공 지능은 계산 능력이나 이미지 처리 같은 특정 분야에서는 인간을 훨씬 넘어서는 뛰어난 능력을 보이지만, 스스로 사고하거나 감정을 느끼지는 못하는 단계를 말해요. 자율 주행 자동차의 인공 지능이나 일반적인 챗봇 서비스가 대표적인 예예요.
강인공 지능은 단순히 문제를 해결하는 수준을 넘어서 스스로 사고하고 판단하는 능력까지 갖춘 단계를 말해요. 마치 인간처럼 사고하고, 감정을 느껴 또 하나의 새로운 인류처럼 여겨지기도 하지요.

과학 03

평균 수명 연장 시대
남기남 사장의 207세 생일잔치

어휘 엿보기

- **평균 수명 연장**(平均 壽命 延長) 사람들이 예전보다 훨씬 더 오래 살게 된 현상
- **질병**(疾病) 우리 몸에 생기는 온갖 병
- **노화**(老化) 사람이 나이가 들면서 몸의 기능이 천천히 약해지는 현상
- **호르몬**(hormone) 우리 몸의 내분비샘에서 만들어져 혈액을 타고 이동하면서, 신체 각 부분에 특정 지시를 내리는 화학 물질
- **장수**(長壽) 오래도록 삶

요미월드 신문

10년 새 평균 수명 급상승

요미시의 평균 수명이 10년 전과 비교해 크게 높아진 것으로 나타났습니다. 요미시에 거주하는 전체 인구 중 작년 한 해 사망자의 수명을 모두 합산해 평균을 내었더니 남자는 99세, 여자는 108세였습니다. 그러나 평균 수명 증가 현상이 반드시 긍정적인 것만은 아니라는 지적도 있습니다. 이는 생산 가능 인구 감소로 이어질 수 있기 때문입니다.

요미시 시민들의 수명 증가 원인에 대한 전문가들의 분석은 서로 달랐습니다. 요미상사의 김영우 연구원은 "요미시는 의료 혜택이 좋고 보건 정책이 충실히 시행되어 질병을 겪는 사람이 줄었기 때문"이라고 했고, 한소희 연구원은 "그보다는 요미시에 거주하는 시민들이 모두 강인하고 질기며 살고자 하는 욕구가 크기 때문"이라고 분석했습니다.

신문 해설

평균 수명은 특정 기간 동안 사망한 사람들의 나이에 대한 평균, 즉 사람들이 평균적으로 누린 수명을 뜻해요. 말 그대로 평균적인 값이며, 자연사만을 포함한 것이 아니라 사고사든 병사든, 모든 사망 요인을 포함한 것이지요. 즉, 평균 수명이 50세라고 해서 50세 즈음에서 노화로 죽는다거나 50세에 가장 많은 사람이 죽는다는 의미가 아니에요. 어느 한 국가에 전쟁이 일어나서 국민의 상당수가 일찍 사망하게 되면 그 국가의 평균 수명은 낮아지게 되겠지요? 전쟁 외에 기근이나 큰 재해 등의 이유로 평균 수명이 낮아질 수도 있어요.

한국인의 평균 수명은 1970년에 남자는 58.7세였고, 여자는 65.8세였어요. 그러던 것이 2023년에는 남자 80.6세, 여자 86.4세로 아주 높아진 것을 알 수 있어요. 평균 수명이 높아진 원인으로 경제적인 성장과 의료의 발달 및 혜택, 보건 복지 정책의 강화 등을 꼽지요.

202×년 00월 00일

"평균 수명이 높아진 것은 다른 이유가 있지요. 경제적인 성장이나 의료 서비스가 좋아서라기보다 다른 이유요! 요미시 사람들이 얼마나 질긴 줄 아세요? 바로 그 이유예요!"

"아니에요! 요미시는 단 한 번도 전쟁이 일어나지 않았고, 큰 사고도 없었어요. 게다가 매달 건강 검진을 실시해 주니 미리 질병을 예방할 수 있잖아요. 그 이유죠!"

똑똑한 문제와 정리

● 맞으면 ○, 틀리면 ✕ 하세요.

① 우리나라 평균 수명은 남자가 60세 정도이다. ☐

② 경제적으로 성장하는 사회는 평균 수명이 늘어난다. ☐

③ 전 국민의 평균 수명을 계산할 때 자연사를 비롯해 모든 사망 요인을 포함해야 한다. ☐

● 다음 빈칸을 채우세요.

시간이 흐름에 따라 생물의 신체 기능이 퇴화하는 것을 ☐☐ 라고 한다.

교과서 상식 백과

한 국가의 평균 수명이 높아지는 것은 단순히 국민이 오래 산다는 사실만을 뜻하지 않아요. 그것은 그 국가가 경제적으로 부강하고, 의료 제도나 보건 정책이 잘 운영되어 국민 모두가 혜택을 누리고 있다는 증거이기도 해요. 반대로 경제적·사회적으로 열악한 사회에서는 의료 서비스가 부족해 평균 수명이 낮을 수밖에 없지요. 하지만 평균 수명이 늘어나면 사회에 또 다른 불안을 가져올 수 있어요. 전체 인구에서 노인 인구의 비중이 커져서 생산에 참여하는 생산 가능 인구가 줄어들게 되고, 이는 국가 경쟁력이 낮아지는 결과를 가져올 수 있지요. 이런 현상을 고령화 사회라고 해요.

과학 04

로봇과 휴머노이드
괴수를 물리칠 로봇 K의 탄생

요미상사는 못 만드는 제품이 없었지. 한때는 로봇 산업에 매진했어. 남기남 사장이자 연구소장은 처음엔 **산업용 로봇**을 생산했어.

"이제 로봇이 인간을 대체해야 해. 인간이 적응하기 힘든 고온의 환경에서 작업해야 할 때 이 로봇이 도움을 줄 거야."

하지만 처음 만든 로봇은 고무로 만들어서 금세 녹아버리고 말았어. 실패로 돌아가자 김영우 과장이 새로운 제안을 했어.

"**가정용 로봇**을 만들어 보죠. 청소, 설거지 같은 것을 해 주는 **지능형 로봇**인데 사람 모형으로 만들면 거부감도 없을 겁니다!"

요미상사에서 출시한 가정용 로봇은 아주 똘똘하고 예쁜 모습을 한 메이드 로봇이었어. 시험을 해보기 위해 김영우 과장이 그 로봇을 집에 데려갔어. 하지만 메이드 로봇은 청소를 미루고 딴전을 피웠어.

"흐암, 과장님! 과장님이 대신 청소해 주면 안 돼요?"

마음 약한 김영우 과장은 메이드 로봇 대신 늘 청

소하느라 바빴지. 두 번의 실패 후에 요미상사는 요미 세상에 출현하는 괴수를 물리칠 '로봇 K'를 만들기로 했고, 무려 개발 기간 17개월, 개발 비용 6조 원을 들여 완성했어. 그리고 드디어 발표회 날이 되었어.

> **어휘 엿보기**
> - **산업용 로봇**(産業用 robot)
> 컴퓨터의 통제에 의하여 일정한 공정 작업을 하는 공업용 기계
> - **가정용 로봇**(家庭用 robot)
> 가정 내에서 이용되는 로봇
> - **지능형 로봇**(知能型 robot)
> 사람이 시키지 않아도 스스로 생각하고 판단해서 움직일 수 있는 로봇
> - **안드로이드**(android)
> 인간과 똑같은 모습을 하고 인간과 닮은 행동을 하는 로봇

남기남 연구소장이 마이크를 잡고 외쳤어.

"자, 이제 소개합니다. 격납고에서 로봇 K가 나올 겁니다."

격납고의 문이 열리자, 화면에 로봇 K가 나타났어. 그런데 커다란 로봇의 사타구니에 핑크색 무언가가 보였어. 기자가 남기남 연구소장에게 질문을 했어.

"저건 뭔가요? 속옷? 팬티인가요?"

"아! 하하하! 조종실입니다. 저기 조종실에 연구원들이 타고 있지요."

그 대답에 기자회견장이 웅성거렸어.

"어머, 흉측해!"

이어서 조종실에 타고 있는 연구원 파일럿들이 소개되었지. 화면에는 조종실에 앉은 김영우와 한소희 연구원이 보였어. 그때 한소희 연구원이 그만 방귀를 뀌고 말았어. 무얼 먹었는지 대단한 방귀가 터져 나왔고, 속이 더부룩한지 방귀를 계속 뀌어댔어.

"어머, 더러워! 더러운 로봇이야!"

그때 한소희 연구원이 뀐 방귀 냄새가 로봇 K 몸체에 연결된 배관을 타고 위로 향했어. 로봇 K는 인간을 닮은 **안드로이드**여서 대단한 후각을 지니고 있었어. 로봇 K가 비틀거렸어. 한소희 연구원의 지독한 방귀 냄새를 견디지 못하는 것 같았지. 결국 로봇 K는 정신을 잃고 자신의 거대한 몸을 쓰러뜨리고 말았어. 조종실의 김영우 연구원도 쓰러져 있었어. 개발 비용 총 6조 원을 들인, 남기남 연구소장의 역작 로봇 K가 실패작으로 돌아간 날이었지. ★

요미월드 신문

실업률을 높인 로봇의 등장

최근 요미시의 한 식당 종업원이 부당 해고를 당했다며 업체를 고발했습니다. 이 식당에는 총 다섯 명의 직원이 일하고 있었는데, 네 명은 주방에서 조리를 맡았고, 이 여성만이 손님 응대와 서빙을 맡아왔습니다. 그런데 최근 식당 측은 경영 효율성을 이유로 음식 주문용 키오스크를 설치하고, 음식을 나르는 서빙 로봇까지 도입했습니다. 이에 식당의 남기남 사장은 "더 이상 사람이 필요 없고, 로봇으로 충분하다"며 평소 근무 태도가 불성실했다는 이유로 해당 직원을 해고했습니다.

하지만 부당 해고를 당했다고 주장하는 한소희 씨는 "음식을 늦게 내놓은 적이 있던 건 인정한다"면서도 "로봇이 사람을 완전히 대체할 수는 없으며, 곧 그 선택을 후회하게 될 것"이라고 말했습니다.

신문 해설

'로봇'이란 말은 1920년 체코슬로바키아의 극작가 카렐 차페크의 희곡에서 처음 사용되었어요. 체코어로 '노동'을 의미하는 단어 'robota'가 로봇이란 말의 어원이지요. 로봇은 다양한 작업을 자동으로 수행하도록 프로그래밍 된 기계 장치를 의미해요. 보통 사람이 직접 하기 어렵거나 위험한 작업을 대신 실행하는 기계 장치로 쓰이곤 하지요.

예를 들어 공장에서 제품을 조립하는 자동화 장치를 산업용 로봇이라 부르고, 가정에서 무선으로 움직이며 청소하는 기기를 가사용 로봇이라 불러요. 또한 주변 환경을 인식하고 스스로 판단해 움직이는 경우는 지능형 로봇이라고 하지요. 이 밖에도 수술을 돕는 의료 로봇, 음식을 나르는 배달 로봇, 전투 현장에 투입되는 군사 로봇도 있어요. 특히 인간의 외형을 본떠 제작된 로봇은 휴머노이드 로봇이라고 불려요.

202×년 00월 00일

"로봇은 점점 더 발전하고 있어. 단순한 작업뿐만 아니라 훨씬 정교한 업무까지 할 수 있게 되었지. 요리, 청소 등 못 하는 일이 없잖아. 머지않아 사람들이 하는 일을 로봇이 다 대신하게 될 거야."

"로봇이 빠르게 발달하고 있는 건 나도 알아요. 하지만 사람처럼 섬세하게 일하긴 아직 어렵죠. 일부는 로봇이 대체하겠지만, 여전히 사람의 손길이 필요한 분야가 많을 거예요."

똑똑한 문제와 정리

● 맞으면 ○, 틀리면 ✕ 하세요.

① 로봇은 아직 요리를 할 수 없다. ☐

② 로봇 중 인간의 형태를 닮은 것을 휴머노이드 로봇이라고 부른다. ☐

③ 드론도 로봇에 속한다. ☐

● 다음 빈칸을 채우세요.

다양한 작업을 할 수 있도록 프로그래밍 된 기계적 장치를 ☐☐ 이라고 한다.

교과서 상식 백과

AI 기술의 발전은 로봇 산업의 성장을 촉진해요. 이제 다양한 산업 현장에서 '로봇 파트너'가 속속 등장하고 있지요. 이 가운데 특히 주목받는 것이 바로 소방 로봇이에요. 소방 로봇은 사람 대신 위험한 환경에 투입되어 소방대원의 생명을 보호하고, 동시에 신속하고 효율적인 화재 대응을 가능하게 하는 첨단 기술 중 하나예요.

소방 로봇은 화재와 같은 재난 현장에서 소방관을 대신해 투입되어 화재 진압, 구조, 탐색 등의 역할을 수행하는 로봇으로, 고열, 유독가스, 폭발 위험 등 고위험 환경에서 소방대원의 안전을 확보하고 초기 대응의 효율성을 높이기 위해 개발되었답니다.

과학 05

외계 생명체와 우주
요미상사에 납치된 생명체의 정체

요미상사의 로봇 K 개발은 **무참**한 실패로 돌아갔었어. 총비용 6조 원이 든 어마어마한 로봇을 만들었지만, 온갖 비난을 들으며 사업을 접어야 했지. 그렇다고 의지를 꺾을 남기남 사장이 아니었어.

"이번엔 **외계 생명체**를 발견해서 세상을 깜짝 놀라게 하자고."

로봇 K 개발의 책임자였던 김영우 연구원이 놀란 표정을 지었어.

"외계 생명? 화성이나 토성 같은 데서 **미생물**을 발견하자는 건가요?"

"아니! 그런 건 이미 **NASA** 같은 데서 하고 있지 않나."

대단한 압박 면접을 통과하고 입사했던 한소희 대리가 대답했어.

"UFO와 외계인을 찾아내자는 거죠?"

짜잔!

"맞아! 바로 그거야! 눈을 씻고 찾아 보면 어딘가에 있을 거야!"

한소희 대리는 그날 이후, 주로 사무실에 출근하지 않고 외근을 했어. 외근 한 달이 넘어가던 어느 날, 드디어 수상한 생명체를 발견했지. 그 생명체는 생김새부터 지구에 거주하는 인간들과 달라 보였어.

"돼지코에, 두툼한 입술. 토끼 모자를 쓰고, 머리엔 꽃도 달았잖아?"

그 생명체는 요미24 편의점 앞에 앉아서 컵라면을 먹고 있었어. 한소희 대리가 뒤로 몰래 다가가서 토끼 모자를 벗겨 보려고 했지. 토끼 모자는 벗겨지지 않았어.

'이건 외계 생명체가 틀림없어!'

한소희 대리는 컵라면을 먹고 있는 생명체를 냅다 감싸 안고 들었어. 깜짝 놀란 생명체가 몸부림치며 외쳤어.

"우어, 왜에 이러래에요. 왜에에에에~ 날나나날날나랄 왜에 이러러러~"

'역시! 외계어로 말하고 있네!'

입안에 면발과 국물이 가득해서 생명체가 제대로 말하지 못하는 것이었는데 한소희 대리가 그걸 알 리 없었어. 한소희 대리는 그 생명체를 요미상사의 연구실로 데려갔어. 생명체는 입에 재갈이 물리고, 팔다리가 꽁꽁 묶인 채 실험대에 눕혀졌지. 남기남 사장과 김영우 연구원이 연락을 받고 급하게 달려왔어.

"그래! 외계 생명체가 어디 있는가?"

한소희 대리가 실험대에 눕힌 생명체를 손으로 가리켰어. 생명체는 눈물을 줄줄 흘리고 있었어. 그 모습을 본 남기남 사장이 황급히 재갈을 벗기고 생명체를 풀어 주었어.

"이건 김요미잖아! 요미월드를 창조한 인물!"

김요미는 생김새가 특이했지만, 자신이 지구인이라고 **항변**했어. 한소희 대리는 지금도 김요미가 외계인일 것이라고 믿고 있대. ★

> **어휘 엿보기**
>
> - **무참**(無慘)
>   몹시 잔인하고 끔찍한 상태
> - **외계 생명체**(外界 生命體)
>   지구가 아닌 다른 별, 행성, 우주 공간에 살고 있다고 여겨지는 생명체
> - **미생물**(微生物)
>   세균, 바이러스, 효모 같이 눈으로는 볼 수 없는 아주 작은 생물
> - **NASA**(나사)
>   1958년에 미국 정부가 우주 개발 계획을 추진하기 위하여 설립한 기관
> - **항변**(抗辯)
>   어떤 일에 대하여 자기의 입장을 주장하며 반박함

요미월드 신문

스티븐 호킹, 외계인을 경계하다!

　2018년에 작고한 천체 물리학자 스티븐 호킹이 생전에 외계인의 존재를 믿으며 외계인을 경계해야 한다고 말한 사실이 밝혀졌습니다. 그는 "지능이 높은 외계인들이 약탈할 행성을 찾아다니다가 지구를 발견하면 식민지로 삼으려고 공격할 가능성이 있다"고 경고했다고 합니다. 2023년 7월 미국 의회의 한 청문회에서는 미국 공군 정보 장교 출신인 데이비드 그뤼시 소령이 "UFO(미확인 비행 물체)가 추락한 곳에서 인간이 아닌 생물의 흔적을 수거했다"고 주장하기도 했습니다.

　외계 생명체의 존재에 대한 시민들의 의견도 엇갈립니다. 요미시의 한소희 씨는 "외계인은 항상 내 주변에 있다"고 했고, 김영우 씨는 "외계 생물은 존재할 수는 있지만, 높은 문명을 갖추진 못했을 것"이라고 말했습니다.

신문 해설

　외계 생명체가 실제로 존재하는지에 대해서는 아직 밝혀진 게 전혀 없어요. 하지만 일부 과학자들은 외계 생명체가 있을 가능성이 충분히 있다고 말하지요. 그 이유는 우주의 규모와 관련이 있어요. 과학자들은 우주에는 약 10의 24제곱 개의 별이 존재한다고 추정하고 있어요. 지구가 속한 태양계는 우리은하에 포함되어 있는데, 우리은하에만 약 1,000억 개의 별이 있다고 해요. 우리은하는 상상할 수 없을 만큼 크지만, 우주 전체와 비교하면 작은 먼지처럼 보일 수도 있어요. 그렇기 때문에 이렇게나 넓은 우주 속에 생명체가 지구인 외에 단 하나도 없다는 게 오히려 이상하다는 의견이지요.

　반대로 지금까지 외계 생명체가 단 한 번도 확인된 적이 없고, 존재한다 해도 지구인과 만나는 것은 이론적으로 거의 불가능하다고 주장하는 이들도 있답니다.

202×년 00월 00일

"외계인은 많이 있어요. 우리 동네 세탁소 아저씨도 외계인 같고, 편의점 주인도 외계인 같아요. 혼자서 늘 중얼거리는데 아무래도 외계에 있는 동료들에게 신호를 보내는 것 같아요."

"광활한 우주의 어느 행성이나 위성에는 미생물 같은 것이 있을 것 같아요. 하지만 인간처럼 고도로 발달된 문명과 기술을 갖춘 생명체는 없겠죠. 그랬다면 벌써 지구에 찾아왔을 테니까요."

똑똑한 문제와 정리

● 우주와 외계 생명에 관한 설명 중 옳은 것 두 가지를 고르세요.

① 외계인은 지구에 도시를 이루고 살고 있다.
② 구상 성단에는 늙은 별이 많이 모여 있다.
③ 지구는 태양계에 속하는 위성이다.
④ 태양계는 우리은하에 속한다.

● 문장을 읽고 초성만 있는 빈칸의 단어를 채우세요.

은하 안에 별들이 모여 있는 것을 ㅅ ㄷ

은하 안에 가스와 먼지가 섞여 빛을 내는 것을 ㅅ ㅇ 이라고 한다.

교과서 상식 백과

우주에는 과연 은하가 얼마나 있을까요? 천문학자들에 따르면, 그 수는 몇 십억 개가 훌쩍 넘는다고 해요. 은하는 수천 억 개에 달하는 별들이 무리 지어 있는 것을 말하고 성단과 성운으로 이루어져 있지요. 성단은 별들이 무리를 지어 있는 것이고, 성운은 가스와 먼지들이 섞여 빛을 내는 것을 말해요. 성단은 모양과 특성에 따라 크게 구상 성단과 산개 성단으로 나뉘어요. 산개 성단은 젊은 별들이 듬성듬성 모여 있고, 밝은 빛을 내요. 반면 구상 성단에는 대체로 낮은 온도의 오래된 별들이 촘촘하게 모여 있어요. 이 별들은 온도가 낮아 붉은빛을 띠지요.

과학 06

우주 개발 경쟁
알롱 마스크와 손잡은 요미상사

 어휘 엿보기

- **우주 개발**(宇宙 開發) 로켓, 인공위성 따위를 이용하여서 우주를 조사하고 연구하여 사람들이 살아가는 데 도움이 되는 기술을 개발하는 일
- **우주선**(宇宙船) 우주 공간을 비행하기 위한 비행 물체
- **목성**(木星) 태양에서 다섯째로 가까운 행성
- **행성**(行星) 중심별 주위를 도는 둥근 천체
- **인공위성**(人工衛星) 지구 따위의 행성 둘레를 돌도록 로켓을 이용하여 쏘아 올린 인공의 장치
- **거주 행성**(居住 行星) 사람이나 동물, 식물 같은 생명체가 살 수 있는 환경을 가진 행성

요미월드 신문

화성에 100만 명이 이사한다고?

우주 탐사 기업인 미국의 스페이스 X의 최고 경영자인 일론 머스크가 '100만 명을 화성에 보낸다'는 목표로 초대형 우주선 스타십을 개발하며 화성 이주 계획을 구체적으로 밝혔습니다. 그동안 달과 행성 탐사 등 우주 개발 사업은 국가 주도로 진행되어 왔으며, 미국·러시아·중국 등이 서로 경쟁해 왔습니다. 우리나라는 최초의 달 궤도선 다누리호를 2022년 8월 5일에 발사해 4개월 만에 달 궤도에 도착, 달에 궤도선을 보낸 세계 일곱 번째 나라가 되었습니다.

일론 머스크의 우주 개발 계획은 국가가 아닌 민간 기업 주도로 이루어진다는 점이 큰 화제를 모았습니다. 이에 대해 요미상사 김영우 연구원은 "충분히 가능한 일"이라고 했고, 한소희 연구원은 "얼토당토않은 계획"이라며 상반된 견해를 드러냈습니다.

신문 해설

1969년 7월 21일은 우주 개발 역사에서 기념비적인 날이에요. 미국이 쏘아 올린 우주선 아폴로 11호가 달에 착륙하여 우주인 닐 암스트롱이 인류 최초로 달 표면에 발을 내디뎠지요. 닐 암스트롱은 "이것은 한 인간에게는 작은 발걸음이지만, 인류에게는 위대한 도약"이라는 말을 남겼어요.

닐 암스트롱의 말은 틀린 말이 아니었어요. 이후 세계 각국은 우주 경쟁 시대에 뛰어들었지요. 사실 우주 개발의 선두 국가는 소련(지금의 러시아)이에요. 소련은 1957년 10월 4일에 세계 최초의 인공위성인 스푸트니크 1호 발사에 성공했거든요. 그 뒤로 여러 나라가 보낸 우주 정거장과 우주 왕복선이 우주로 향했고, 화성 등의 행성에 탐사 로봇을 보내 생명체의 흔적을 찾는 연구도 이어지고 있어요.

NASA가 보낸 화성 탐사 로봇 큐리오시티는 화성을 찍은 사진을 계속 보내오고 있답니다.

202×년 00월 00일

"일론 머스크는 허풍쟁이예요! 인간이 화성에 산다는 게 말이 돼요? 그러려면 화성이 지구처럼 물도 많고, 나무도 많고, 기온도 인간이 살 수 있는 환경이어야 하잖아요."

똑똑한 맞대결

"금세 이루어지지는 않겠지만 언젠가는 가능할 수도 있어요. 미래에 지구가 점점 살기 힘든 행성으로 변하면 대책이 필요하죠. 인류가 멸망하기 전에 거주할 수 있는 행성을 찾아 개척해야 해요."

똑똑한 문제와 정리

● 맞으면 ○, 틀리면 ✕ 하세요.

① 달에 최초로 착륙한 우주인은 닐 암스트롱이다. ☐

② 최초로 인공위성 발사에 성공한 나라는 소련이다. ☐

③ 큐리오시티는 명왕성 탐사 로봇이다. ☐

● 다음 빈칸을 채우세요.

우리나라가 세계에서 일곱 번째로 달에 보낸 궤도선은 ☐☐☐☐ 이다.

교과서 상식 백과

최초로 인공위성 발사에 성공한 소련은 다음 달 스푸트니크 2호를 발사했어요. 이번엔 인공위성에 라이카라는 개를 태워 보냈어요. 우주선에 탄 생명체가 우주 환경에서 어떤 신체적인 반응을 하는지 연구하기 위한 목적이었지요.
연구진은 러시아 모스크바 거리를 떠돌던 개 라이카를 연구소에 데려와 몇 가지 실험과 훈련을 시킨 다음 스푸트니크 2호에 태웠어요. 하지만 비극이 발생했어요. 우주선의 내부 온도 제어 시스템에 문제가 생겨서 내부 온도가 40도를 넘었고, 결국 더위와 스트레스를 견디지 못한 라이카는 몇 시간 만에 죽고 말았답니다.

과학 07

딥페이크 기술과 범죄
아이돌 그룹 요미즈의 위험한 과거

　오랜 연습생 시절을 거쳐 데뷔한 아이돌 그룹 요미즈는 신곡을 발표할 때마다 큰 인기를 얻었지. 개성 강한 멤버들은 각각 수많은 팬이 생겨서 늘 행동도 조심하고 말조심도 하며 지냈어.
　그러던 어느 날 요미즈에게 큰 위기가 닥쳤어. 요미즈에서 미모를 담당하는 채수빈이 오후 2시까지 자고 있는 고소희를 흔들어 깨웠어.
　"어서 일어나 봐! 이것 좀 보라고!"
　고소희는 치킨과 피자 등 야식을 먹고 자서 얼굴이 퉁퉁 부어 있었어.
　"아이, 왜 깨워! 나, 최장 수면 기록에 도전하고 있었단 말이야."
　채수빈은 말없이 영상 하나를 보여 주었어. 그건 뉴스 앵커가 **보도**하는 요미즈에 관한 소식이었어.
　"인기 아이돌 그룹 요미즈의 리더 고소희가 과거, 소위 말하는 불량 학생 일진으로, 수업 태도가 불성실하고 선생님에게 예의 없이 굴었다는 **제보** 영상이 들어왔습니다."

이건 딥페이크로 만든 가짜 영상이에요!

영상에는 고소희가 학교 교실에서 짧은 영상을 찍다가 남기남 교장 선생님에게 혼나는 장면이 나왔어. 남기남 교장 선생님은 고소희에게 학교에서 휴대 전화를 내지 않았다고 혼냈고, 학교로 배달 음식을 시켜 먹었다며 꾸중했어. 그러자 고소희가 남기남 교장 선생님의 잔소리에 귀를 막으며 짜증을 내는 장면이 이어졌어. 영상에 달린 댓글에는 고소희를 성토하는 내용이 줄을 이었어.

- **보도**(報道)
어떤 사실을 신문이나 방송 따위를 통하여 일반 사람들에게 널리 알림
- **제보**(提報)
어떤 정보를 제공함
- **묘안**(妙案)
어떤 일에 대처할 수 있는 아주 뛰어난 생각
- **딥페이크**(deepfake)
인공 지능 기술을 이용하여 사진이나 영상을 조작하는 것
- **생성형**(生成型) **인공 지능**(人工 知能)
기존 데이터를 학습해 새로운 텍스트, 이미지, 영상, 음악 등 다양한 콘텐츠를 직접 만들어내는 인공 지능 기술
- **합성**(合成)
둘 이상의 것을 합쳐서 하나의 새로운 것으로 만들어 내는 것

- 고소희, 여신인 줄 알았는데 그냥 일진이었어.
- 고소희가 애들 때리고 다녔대요~!

고소희가 댓글을 읽고는 코웃음을 쳤다.
"흥, 없는 사실까지 댓글에 달고 있잖아."

그런데 그것만이 아니었어. 다른 두 멤버 채수빈과 반민초에 대한 제보 영상도 보도되었어. 그 영상에서 채수빈과 반민초는 서로 엉겨 붙어서 싸우고 있었어. 며칠 전 그런 일이 있었는데 누군가가 몰래 찍었던 거였지. 고소희가 영상들을 보고 **묘안**을 생각해냈어.

"이거 다 가짜 영상이라고 하면 돼."

다음 날 기획사 김영우 팀장이 기자회견을 했어.

"이건 모두 **딥페이크** 영상입니다. **생성형 인공 지능** 기술로 이미지를 **합성**한 놀라운 현대 과학의 성과물이죠. 이런 가짜 영상에 속으시면 안 됩니다!"

한 달 정도 지나며 겨우겨우 사태가 수습되었어. 그런데도 여전히 그 영상을 진짜라고 믿는 이들이 많아. 왜냐하면 현대 과학으로도 고소희의 놀랍도록 눈부신 미모를 똑같이 재현하긴 어려우니까! ★

요미월드 신문

가짜 영상에 피해자가 된 아이돌

이틀 전, 요미즈 그룹의 멤버들의 영상이 공개되며 큰 파장을 일으켰습니다. 공개된 영상에는 요미즈의 리더 고소희가 학창 시절 학교 폭력을 가하는 장면과, 다른 두 멤버인 채수빈과 반민초가 서로 주먹을 주고받으며 싸우는 장면이 담겨 있었습니다. 영상은 SNS를 통해 급속도로 퍼져나갔고, 이어 신문 기사와 방송 뉴스에서 보도되며 논란은 더욱 확대되었습니다. 요미즈의 팬클럽은 "우리는 요미즈를 믿는다"는 성명을 내놓았지만, 일반 대중의 시선은 싸늘했습니다.

그러나 5시간 전, 상황은 반전되었습니다. 문제의 영상이 요미즈를 싫어하는 한 어린이가 인공 지능을 활용해 만든 딥페이크 영상으로 밝혀진 것입니다. 그럼에도 불구하고, 요미즈에 대한 대중의 이미지와 신뢰는 회복하기 어려운 수준에 이르렀습니다.

신문 해설

딥페이크 기술로 만든 가짜 영상은 점점 심각한 사회 문제로 번지고 있어요. 2024년 5월, 서울경찰청 사이버수사과에서는 인공 지능을 이용해 주변 지인의 얼굴 사진을 다른 신체 이미지에 합성해 유포한 한 대학생을 검거했어요. 그는 단순한 장난이었다고 주장했지만, 표적이 된 지인들은 이미 큰 피해를 입은 뒤였어요.

정치인들도 딥페이크의 피해자가 되곤 해요. 정치인은 풍자의 대상이 될 수 있으나, 딥페이크 기술을 통해 만든 가짜 영상은 특정 정치인이 실제로 범죄와 연루된 것처럼 속이기도 해 문제가 되지요. 만약 이런 가짜 영상을 선거철에 퍼뜨린다면 유권자들의 판단에 큰 혼란을 끼칠 수 있겠지요?

우리나라에서는 딥페이크 영상을 만들어 퍼뜨리면 중대한 범죄로 간주해 엄중히 처벌해요. 특히 딥페이크를 이용한 디지털 성범죄는 결코 저질러서는 안 될 범죄이지요.

202×년 00월 00일

"전혀 없던 일을 거짓으로 만드는 건 절대 해선 안 돼. 피해를 당한 사람이 얼마나 억울하겠어? 딥페이크 영상은 진짜처럼 보여서 절대 그런 행동을 해선 안 돼."

"난 재미있었어. 딥페이크 영상으로 나를 아주 나쁘게 만들었잖아. 학교 폭력을 저지르는 일진에 성격도 나쁘게 묘사했더라고. 하지만 난 그런 걸로 관심 받는 게 재미있어. 그냥 놀이라고 생각해."

똑똑한 문제와 정리

● 딥페이크에 관한 설명으로 **틀린 것 두 가지**를 고르세요.

① 가짜 영상은 풍자의 영역이어서 처벌받지 않는다.
② 딥페이크는 딥 러닝과 가짜를 뜻하는 영어 단어의 합성어이다.
③ 딥페이크 영상물은 과거에 비해 점점 줄어들고 있다.
④ 딥페이크 영상은 주로 이미지를 합성해 새로운 가짜 영상을 만들어낸다.

● **초성만 있는 빈칸의 단어를 채우세요.**

문학 작품 등에서 부정적 현상이나 모순 등을 빗대어 비웃으면서 표현하는 것을 ㅍ ㅈ 라고 한다.

교과서 상식 백과

미국에서는 2024년 11월에 대통령 선거가 치러졌어요. 선거 과정에서 상대 후보를 비방하는 합성 사진과 영상이 온라인에서 빠르게 퍼져 논란이 일었지요. 투표가 시작되기 한참 전인 2024년 1월에는 수상한 홍보 전화가 대량으로 확산되기도 했어요.
조 바이든 대통령 목소리를 흉내 낸 선거 홍보 전화가 돌았고, 또 다른 후보였던 도널드 트럼프 전 대통령이 재판을 앞두고 체포되는 듯 꾸며진 가짜 영상이 퍼지기도 했어요. 이처럼 정치인과 정치 뉴스를 둘러싼 허위 영상은 점점 더 위험해져 심각한 사회 문제로 인식되고 있답니다.

과학 08

생명 복제와 생명 윤리
채수빈을 복제한 요미상사의 기술력

모든 프로젝트가 실패로 돌아간 후, 요미상사는 파리만 날리고 있었어. 그러던 어느 날 망해가는 회사를 살릴 전화 한 통이 걸려 왔지.

"요미즈 멤버 채수빈을 복제해 주세요!"

요미즈 소속사에서 걸려 온 전화였어. 미모를 담당하는 채수빈의 얼굴에 여드름이 잔뜩 났고, 치료하는 데 아주 긴 시간이 걸린다는 거야. 몇 개월 뒤의 공연을 앞두고 날벼락이 떨어진 거지. 채수빈을 똑같이 복제해 준다면 큰 비용을 치르겠다고 했어.

남기남 사장이 요미상사의 직원이자 핵심 연구원 둘을 불렀어. 이야기를 들은 김영우 연구원이 고개를 흔들었어.

"인간을요? **생명 복제**는 우리나라에서 법으로 금지된 일입니다. **생명 윤리**에 반하기 때문이죠."

한소희 연구원은 남기남 사장의 의견을 따르려고 했어.

"재밌겠어요. 지금 당장 시작해요!"

"쉬운 일이 아니야. 아주 까다로운 과정을 거쳐야지. 인간의 **체세포**를 이용해야 하고, 한 번 시도할 때마다 수많은 **난자**가 필요해."

셋은 격렬한 논쟁을 벌이다가 결국 쓰러져가는 요미상사를 살리기 위해 그 **제안**을 받아들이기로 했어. 인간을 복제하는 것은 쉬운 일이 아니었어. 요미상사의 기술력이 한참 부족한 것이 더 문제였지. 시간이 지나도 소식

> 여드름 때문에 무대에 설 수가 없어요.

이 없자, 요미즈 그룹의 소속사에서 기다리다 못해 요미상사에 다시 연락했어.

"다 되어 가나요?"

"네, 곧 성공할 것 같습니다."

남기남 사장은 얼떨결에 거짓말을 하고 말았어. 그러는 사이 공연 날이 다가왔어. 대책을 세워야만 했지. 셋은 다시 모여서 심각한 회의를 했어. 그때 한소희 연구원이 손을 번쩍 들고 외쳤어.

"좋은 생각이 있어요! 공연을 망칠 순 없으니 제가 희생할게요!"

"어떻게?"

"제가 채수빈이 되죠, 뭐!"

한소희 연구원은 요미즈의 춤을 연습했어. 머리 모양을 채수빈처럼 만들고, 얼굴 화장을 신경 써서 채수빈처럼 보이게 했지.

"이 사람이 채수빈의 복제 인간이라고요?"

소속사 사장은 찜찜했지만, 시간이 없었어. 결국 채수빈 대역으로 한소희 연구원을 공연에 올릴 수밖에 없었지. 공연이 시작되었고, 한소희가 채수빈의 자리에서 춤을 추기 시작했어. 공연을 보러 온 팬들이 외치는 소리가 들렸어.

"채수빈은 어디 있어?"

"왜 고소희가 둘이나 돼?"

한소희는 채수빈의 복제품이 아니라 고소희의 복제품 같았던 거야. ★

어휘 엿보기

- **생명 복제**(生命 複製)
  유전적으로 완전히 똑같은 생명체를 만들어내는 기술
- **생명 윤리**(生命 倫理)
  생명을 소중하게 여기고 어떻게 다루어야 하는지에 대한 규칙
- **체세포**(體細胞)
  사람이나 동물, 식물을 구성하는 세포 중에서 생식 세포를 제외한 모든 세포
- **난자**(卵子)
  여성이나 암컷 동물의 생식 세포
- **제안**(提案)
  어떤 생각, 방법, 계획 등을 내놓는 것

걱정 마세요! 제가 해결해 드리죠.

요미월드 신문

복제견을 참모로 둔 대통령?

아르헨티나의 하비에르 밀레이 대통령에게는 특별한 참모 역할을 하는 복제견들이 있습니다. 밀레이 대통령은 사랑하던 반려견이 세상을 떠나자 유전자 보존 회사에 의뢰해 죽은 반려견을 복제해 달라고 요청했습니다. 그 결과 모두 다섯 마리의 복제견이 태어났고, 일찍 세상을 떠난 한 마리를 제외한 네 마리가 지금도 대통령과 함께 지내고 있습니다.

이를 두고 요미시의 시민들 사이에서는 생명 복제의 윤리성을 두고 토론이 벌어졌습니다. 복제견에 찬성하는 입장인 남기남 씨는 "사랑하는 강아지를 잃은 슬픔을 치유할 수 있으니 좋을 것 같다"라고 했고, 반대하는 입장인 김영우 씨는 "겉모습은 닮을 수 있어도 영혼까지는 복제할 수 없으며, 윤리적으로도 바람직하지 않다"라며 비판적인 의견을 밝혔습니다.

신문 해설

유전학적으로 똑같은 자손을 인위적으로 만들어내는 것을 '생식 복제'라고 해요.

1996년 7월 5일, 영국 로슬린 연구소의 이언 윌머트 연구팀이 세계 최초의 복제양 '돌리'를 탄생시켰어요. 복제견은 2005년에 처음으로 탄생했어요. 당시 우리나라 서울대 연구팀이 복제견 '스너피'를 만들어냈지요. 이후, 반려동물 복제 산업은 꾸준히 발달하고 있어요.

복제 동물은 암컷 동물의 난자에서 핵을 제거한 뒤, 복제할 동물의 체세포를 주입해 만들어요. 이렇게 만들어진 배아를 암컷의 몸속에 이식해 임신과 출산 과정을 거치게 하지요. 최근에는 인간 복제에 대한 논의도 제기되고 있어요. 유전적으로 동일한 인간을 만들면 질병 치료를 위한 장기 이식 등 질병 치료 문제를 해결할 수 있다며 찬성하는 쪽과, 종교적으로나 윤리적으로 부도덕하다며 반대하는 쪽의 의견이 첨예하게 맞서고 있지요.

202X년 00월 00일

"생명 복제가 왜 부도덕하다는 건지 이해가 되지 않아! 공장에서 똑같은 물건을 찍어내 잘 활용하듯, 동물이나 인간도 복제해서 유용하게 쓸 수 있다면 좋은 일 아니겠어?"

"동물 복제는 그렇다 쳐도 인간을 복제하는 건 너무 위험한 일이에요. 그렇게 되면 복제된 인간이 마치 물건처럼 취급될 수도 있고, 어떤 끔찍한 일이 벌어질지 알 수 없어요."

똑똑한 문제와 정리

● 맞으면 O, 틀리면 X 하세요.

① 세계 최초의 복제 양은 둘리이다. ☐

② 유전학적으로 똑같은 자손을 인위적으로 만드는 것을 생식 복제라고 한다. ☐

③ 생명 복제에 대해 종교계는 대체로 반대한다. ☐

● 다음 빈칸을 채우세요.

우리나라에서 최초로 복제한 복제견의 이름은 ☐☐☐ 이다.

교과서 상식 백과

생명을 복제하면 유전적으로는 서로 동일한 생물이 돼요. 그렇기에 혈액형도 같지요. 혈액형을 최초로 밝혀낸 사람은 오스트리아 출신의 의학자 칼 란트슈타이너예요.

그는 오랜 기간 사람의 혈액을 연구해 인간의 혈액을 A형, B형, O형, AB형으로 구분하고, 서로 다른 혈액형끼리 수혈하면 위험하다는 사실도 알아냈어요. 당시에는 사고나 전쟁으로 크게 다쳐 수혈이 필요할 때, 혈액형을 알지 못해 맞지 않는 피를 주입하여 치명적인 문제가 발생하기도 했지요. 또 이 네 가지 혈액형 외에 Rh형을 발견하고, 그것이 다시 음성과 양성으로 나뉜다는 사실도 밝혀냈어요.

과학 09

유전자의 힘
출생의 비밀이 드러난 아이

어휘 엿보기

- **유전자**(遺傳子) 우리 몸의 생김새나 특징을 정해 주는 아주 작은 설계도
- **유전자 조작**(遺傳子 操作) 유전자의 정보를 바꿔서 식물, 동물, 사람의 특징이나 성질을 바꾸는 것
- **생명 공학**(生命 工學) 생명체의 유전적·생리적 특성을 활용해 우리에게 도움이 되는 물건이나 기술을 만드는 학문
- **부작용**(副作用) 어떤 일에 예상하지 못한 나쁜 결과나 문제가 생기는 것

요미월드 신문

공부 머리는 유전 탓?

 뇌 발달을 연구하는 '내뇌가네뇌' 연구소가 최근 흥미로운 뇌 연구 결과를 발표했습니다. 연구소의 이번 발표에 따르면 뇌는 유전의 영향을 받지만, 환경에 따라 더욱 발전하거나 점차 퇴보할 수도 있다고 합니다. 연구소는 실험 참가자들의 지능 지수를 오랜 시간에 걸쳐 꼼꼼하게 추적하고 관찰했습니다.

 실험에 참여한 한소희 씨와 그녀의 딸 김서아 양은 모녀 관계로, 두 사람 모두 유전적으로 낮은 지능 지수를 보였습니다. 또 다른 실험 참가자인 오여름 양 역시 처음에는 비슷한 상황이었습니다. 연구진은 김서아 양과 오여름 양에게 서로 다른 환경을 제공했는데, 그 결과 아무런 노력을 하지 않은 김서아 양은 성적이 바닥에 머물렀지만, 꾸준히 노력한 오여름 양은 성적이 크게 향상된 것으로 나타났습니다.

신문 해설

 유전은 부모의 유전 형질이 자손에게 전달되는 것을 뜻해요. 그렇다고 부모의 유전 형질을 백 퍼센트 그대로 자손이 물려받는 것은 아니에요. 개인 간의 변이가 축적되며 종의 진화가 이루어지지요. 자손이 부모에게 물려받는 유전 형질에는 홍채, 피부, 머리카락색 같은 외모뿐만 아니라 혈액형이나 혈우병과 같은 특성, 유전병 등이 있어요.

 생물의 유전 정보는 DNA에 담겨 있으며, 생물은 세포의 분열 과정에서 DNA를 복제하여 자신의 유전 정보를 자손에게 전달하지요. 과학자 멘델은 우성 유전 인자와 열성 유전 인자가 짝을 이룰 경우, 우성 인자만 나타나고, 열성 인자는 나타나지 않는다고 했어요. 그러나 드러나지 않은 열성 인자 역시 다음 세대로 유전된다고 했지요. 이런 유전 형질에 관한 특징을 설명한 것을 '멘델의 유전 법칙'이라고 불러요.

202×년 00월 00일

"타고난 공부 머리가 부족하더라도 노력하면 지능은 발달할 수 있어. 책도 많이 사 주고, 집중할 수 있게 조용한 환경을 만들어 줬잖아. 그런 좋은 환경에서 이런 성적이 나왔다는 건 노력을 안 했다는 거지!"

"뇌는 바꿀 수 없어요. 지능은 유전이라고요. 그러니 제가 성적이 잘 나오지 않는다고 저를 탓하면 안 돼요. 만약 그게 아니라면 엄마가 어릴 때 받았던 성적표를 보여 주세요."

똑똑한 문제와 정리

● 맞으면 ◯, 틀리면 ✕ 하세요.

① 뇌는 타고난 것이어서 발달하지 않는다. ☐

② 부모의 유전 형질을 자손이 물려받는 것을 유전이라고 한다. ☐

③ 대뇌의 앞쪽을 전두엽이라고 한다. ☐

● 다음 빈칸을 채우세요.

생물의 유전 정보가 담겨 있는 것은 ☐☐☐ 이다.

교과서 상식 백과

뇌는 부드럽고 물렁거리는 물질로 이루어져 있어요. 이 소중한 뇌를 딱딱한 두개골이 보호하고 있지요. 뇌는 구조적으로 여러 부분으로 나뉘는데, 바깥쪽은 대뇌가 감싸고 있고, 안쪽에는 소뇌, 간뇌, 중뇌, 연수 등 중요한 부분이 자리하고 있어요.
대뇌는 우뇌와 좌뇌로 구분할 수 있어요. 우뇌는 음악이나 미술 등 창조적이고 감각적인 일을 담당하고, 좌뇌는 언어, 계산 등 논리적이고 수학적인 일을 담당하지요. 대뇌의 앞쪽을 전두엽, 옆쪽을 측두엽, 위쪽을 두정엽, 뒤쪽을 후두엽이라고 부르며, 그중 전두엽은 뇌에서 가장 복잡하고 중요한 역할을 하는 부분이에요.

정답: ① ✕ ② ◯ ③ ◯, DNA

과학 10

자율 주행 자동차와 미래 교통
바다로 향한 지상 최고의 아이돌 그룹

   채수빈의 얼굴에 난 여드름은 빨리 사라졌어. 무척 다행이었지. 채수빈이 치료하는 동안 한소희를 대역으로 세웠던 공연은 크게 비난받았고, 공연은 잠정 중단되었어. 채수빈의 복제 인간을 만드는 데 실패한 요미상사는 비용을 지불받은 대가로 복제 인간 대신 **자율 주행 자동차**를 제공했어.
   남기남 사장이 자율 주행 자동차를 가져와서 요미즈 멤버들에게 설명했어.
   "이 자동차는 사람이 운전하지 않아도 돼요. 주변 **사물**을 인식할 수 있는 **첨단 센서**가 있어서 거리를 측정하고 위험을 감지해서 스스로 운전하지요. 인공 지능과 대화하며 목적지를 설정하고, 속도 등도 조절할 수 있어요. 한번 타 보시겠어요?"
   아이돌 그룹 요미즈의 리더 고소희가 조수석에 타고, 나머지 멤버 채수빈과 반민초가 뒷좌석에 나란히 앉았어. 고소희는 자동차가 신기한지 이것저것 만져 보았어.
   "이건 뭐지? 이걸 누르면 어떻게 될까?"

고소희가 버튼 하나를 누르자, 자율 주행 자동차의 **시동**이 걸렸어. 부르릉부르릉! 채수빈이 뒤이어 목적지를 말했지.

"햄버거 가게로 출발!"

자율 주행 자동차가 서서히 움직이기 시작했어. 자동차는 **경로**를 따라 안전하게 주행하기 시작했어. 자동차가 점점 멀어지고 있을 때 남기남 사장 쪽으로 김영우 연구원이 헐레벌떡 달려왔지.

"저건 완성품이 아니에요. 출발은 해도 멈추는 게 아직 설정되지 않았다고요!"

> **어휘 엿보기**
> - **자율 주행 자동차**(自律 走行 自動車)
>   사람이 운전하지 않아도 스스로 달리는 자동차
> - **사물**(事物)
>   일과 물건을 통틀어 이르는 말
> - **첨단 센서**(尖端 sensor)
>   온도·빛·소리 등 다양한 정보를 아주 민감하게 감지하고, 이를 전기적 신호로 바꿔 기계나 컴퓨터 등에서 활용할 수 있도록 하는 부품
> - **시동**(始動)
>   멈춰 있는 기계나 자동차를 움직이기 시작하게 하는 것
> - **경로**(經路)
>   지나는 길

이미 자동차는 멀리 떠나서 보이지도 않았어. 자동차 안의 반민초는 차창 밖의 풍경을 보며 방긋 웃었어.

"우리가 정말 스타가 된 모양이야. 이런 신기한 자동차도 다 타 보네."

그때 목적지인 햄버거 가게가 나타났어. 그런데 자동차가 햄버거 가게를 휙 지나치고 말았지. 고소희가 눈을 동그랗게 뜨고 외쳤어.

"앗, 내 햄버거! 히히, 아니야. 마라탕 먹으면 되지. 마라탕 가게로 출발!"

자율 주행 자동차가 경로를 바꾸어 마라탕 가게를 향해 달리는 것 같았어. 그런데 이번에도 목적지인 마라탕 가게에서 멈추지 않고 지나쳤어. 채수빈이 고개를 갸웃거리더니 말했어.

"흠, 새우구이나 먹을까? 바다로 출발!"

자동차는 쉬지 않고 달렸어. 세 멤버는 지쳐서 잠이 들었지. 잠시 후, 창밖으로 바다가 보였어. 자동차는 부둣가로 달렸어. 그런데 자동차가 속도를 줄이지 않고 계속 달렸어. 고소희가 그 순간 잠에서 깨어 소리쳤어.

"멈춰!"

멈출 리가 없었지! 풍덩! ★

요미월드 신문

운전자가 없어도 안전할까?

　최정상 아이돌 그룹 요미즈가 자율 주행 자동차를 타고 이동하던 중 바다에 빠지는 사고를 겪었습니다. 다행히 목격자의 신속한 신고로 요미즈 전원이 무사히 구조되었지만, 이를 두고 자율 주행 자동차를 제공한 요미상사 측과 논쟁을 벌이고 있다고 합니다.

　요미즈의 리더 고소희는 "자율 주행 자동차라면 스스로 위험을 감지해 방향을 수정하거나 멈출 수 있어야 하지 않느냐"라며 "엉터리 자율 주행 자동차를 제공한 요미상사는 엄벌에 처해야 한다"고 주장했습니다. 이에 요미상사의 남기남 사장은 억울하다는 입장을 내놓았습니다. 남기남 사장은 "자율 주행 자동차가 아직 실험 단계의 미완성품이라는 것을 분명히 알렸다"라며 "아무리 첨단 기술이라도 탑승자가 부주의하면 안 된다"고 반박했습니다.

신문 해설

　운전자 없이도 스스로 움직일 수 있는 자동차를 자율 주행 자동차라고 해요. 자율 주행 자동차는 차량 내부에 장착된 카메라와 레이저 등 여러 센서를 통해 주변 상황을 인식해요. 앞차와 간격을 유지하며 속도를 조절하거나, 갑자기 나타난 장애물을 인식해서 제동 장치를 가동하기도 해요. 또한 GPS(위성 위치 확인 시스템)를 활용해 목적지까지 가는 길 중 더 빠른 경로를 분석하고, 실시간 교통 상황과 날씨까지 고려해 노선을 바꿀 수도 있지요.

　우리나라에서는 이러한 자율 주행 자동차를 버스와 택시 등에 시범 운행하기 시작했어요. 서울시는 2023년 12월부터 합정역과 동대문역 구간에 심야 시간에 자율 주행 버스를 운행했지요. 통행량이 많지 않아서 시험 운행하기 좋은 시간대를 고른 거예요. 시험 결과 안정성이 꽤 높다는 결론을 내렸답니다.

202×년 00월 00일

"자율 주행 자동차라면 운전자나 탑승자가 잠시 눈을 붙여도 안전하게 목적지까지 데려다 줘야죠. 그렇지 않다면 불안함을 감수하면서까지 굳이 그 차를 탈 이유가 없잖아요!"

똑똑한 맞대결

"자율 주행 자동차는 상당한 기술적 발전을 이루었어. 인공 지능이 접목돼 스스로 사물을 인식하고 속도를 조절하며, 위험한 상황에도 비교적 잘 대응하지. 하지만 운전자가 부주의하다면 아무 소용없어."

똑똑한 문제와 정리

● 자율 주행 자동차에 대한 설명으로 <u>틀린 것</u> 두 가지를 고르세요.

① 자율 주행 자동차는 사고가 나지 않는다.
② 자율 주행 자동차는 인공 지능과 관련이 없다.
③ 서울시는 자율 주행 버스를 시범 운행했다.
④ 자율 주행 자동차는 운전자 없이 스스로 움직일 수 있다.

● 아래의 문장을 읽고 초성만 있는 빈칸의 단어를 채우세요.

| ㅅ | ㅅ | 는 사물의 소리, 빛, 온도 등을 감지하는 기계 장치를 말한다.

교과서 상식 백과

초등학교 사회에서는 교통수단이 어떻게 발달해 왔는지를 배워요. 옛날에는 말이나 가마 등을 타고 다녔고, 그 뒤로는 바퀴를 이용한 교통수단이 등장했어요. 이후에는 배와 비행기가 만들어졌고, 오늘날에는 자율 주행 자동차 원리까지 배우고 있지요. 이런 과정 중 바퀴의 등장은 인류 생활을 바꾼 큰 사건이었어요.

바퀴는 기원전 3500년경에 그려진 〈우르의 깃발〉이라는 그림에 나와요. 그림 속에는 말이 끄는 전차와 군인들의 행렬이 보이고, 전차에 붙어 있는 바퀴가 표현되어 있지요. 세계에서 가장 오래된 바퀴 역시 메소포타미아 유적에서 발굴된 이 전차용 바퀴랍니다.

과학 11

자연재해 원인과 종류
대피할 때 꼭 챙겨야 하는 것들

어휘 엿보기

- **지진**(地震) 지구 내부에서 갑작스러운 에너지 방출로 인해 땅이 갑자기 흔들리는 현상
- **인재**(人災) 사람이 원인이 되어 일어나는 재난
- **자연재해**(自然災害) 태풍, 가뭄, 홍수, 지진, 화산 폭발, 해일 따위의 피할 수 없는 자연 현상으로 인하여 일어나는 재해
- **화산 폭발**(火山 爆發) 땅속 깊은 곳에 있던 마그마가 화산 가스와 함께 땅 위로 솟아오르는 현상
- **지각 변동**(地殼 變動) 지구 내부의 원인으로 인해 지각이 움직이거나 변형되는 현상

요미월드 신문

지진 안전지대는 없다!

2011년 동일본 대지진은 진도 9.0이라는 일본 최대 규모의 지진으로, 후쿠시마 원전이 파괴되는 등 엄청난 피해를 남겼습니다. 그런데 최근 '불의 고리'로 불리는 환태평양 지역의 안전에 대한 우려가 높아지고 있습니다. 일본과 대만 등 이 지역에 잦은 지진이 발생하고, 지진대에 위치한 화산들의 활동도 활발해지고 있다고 합니다.

이에 대해 우리나라 요미시에 거주하는 한 부부에게 경각심을 느끼는지 물었습니다. 남편 김영우 씨는 "더 이상 우리나라도 지진에 대해 안심할 수만은 없으며, 언제든 자연재해가 일어날 수 있으니 미리 대책을 세워야 한다"고 했습니다. 하지만 아내 한소희 씨는 "일본에 큰 지진이 나더라도 우리에게 미치는 영향은 크지 않을 것 같다"며 의견을 달리했습니다.

신문 해설

폭풍, 홍수, 지진, 화산 폭발, 해일, 산사태 등 자연 현상으로 발생하는 재난을 자연재해라고 해요. 자연재해는 어느 정도 예방할 수 있지만, 규모가 크면 발생하는 피해도 매우 심각할 수 있어요.

지진은 우리가 살고 있는 지구의 지각이 서로 부딪히며 생기는 현상이에요. 땅속에는 맨틀이 조금씩 움직이고 있는데, 이 맨틀의 움직임 때문에 지각도 계속해서 조금씩 움직이게 되지요. 그러다가 서로 밀어내는 힘이 세지면 지층이 끊어지면서 그 충격으로 땅이 흔들리고 갈라지는 지진이 일어나는 거예요.

우리나라에서도 2016년 경주에서 진도 Ⅶ(6), 규모 5.8의 지진이 발생해 인명 피해가 일어나기도 했어요. 지진 에너지의 세기는 규모와 진도로 나타내는데 규모 3.0 등과 같이 숫자로 표시해요. 이 숫자가 클수록 지진이 더 강하다는 뜻이지요.

202×년 00월 00일

"백두산이 폭발하면 화산재 같은 분출물이 아주 먼 곳까지 퍼질 수 있어요. 지진이 일어나서 쓰나미가 발생할 수도 있고요. 그래서 평소에 비상식량을 준비하고, 대피소 위치도 꼭 확인해 두어야 해요."

"하하하, 겁쟁이! 살면서 그렇게 큰 지진이 일어난 적이 한 번도 없었잖아요. 걱정이 너무 많아도 안 좋아요. 정 걱정되면 컵라면이나 많이 사 놓아요!"

똑똑한 문제와 정리

● 맞으면 O, 틀리면 X 하세요.

① 지진은 파도가 심하게 쳐서 일어난다. ☐

② 우리나라에서도 규모 5.0 이상의 지진이 일어난 적 있다. ☐

③ 사람의 잘못으로 일어나는 재해를 인재라고 한다. ☐

● 다음 빈칸을 채우세요.

지진 에너지의 세기는 ☐☐ 와 ☐☐ 로 나타낸다.

 교과서 상식 백과

지진이 일어나면 절대로 함부로 행동해서는 안 돼요. 땅이나 건물이 흔들리는 것을 느끼는 순간, 가장 먼저 수도꼭지를 잠그고, 전기와 가스도 꼭 잠가야 해요. 어둡고 무서워도 촛불은 절대로 켜면 안 돼요. 잘못하면 큰 화재로 이어질 수 있기 때문이지요. 이런 비상 상황에 대비해 손전등을 미리 준비해 두는 것이 좋아요.
그런 다음 무너질 위험이 있는 모든 곳에서 최대한 멀리 떨어져, 안전한 장소로 신속하게 대피해야 해요. 만약 대피할 수 없다면, 식탁이나 책상 아래로 몸을 숨겨야 해요. 위에서 떨어지는 물건을 피하는 것이 중요하기 때문이지요.

PART3 정치

다수결 원칙 # 독재와 민주주의 # 선거
삼권 분립 # 헌법과 법률 # 계엄령과 기본권
부정부패 # 지방 자치 # 정당
여론 조사 # 진보와 보수

01 아이돌 리더 뽑기

02 요미상사에 불어닥친 새바람
 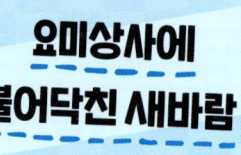 

03 고소희가 학생회장이 되려는 이유

04 대통령을 꿈꾼 남 시장의 착각
 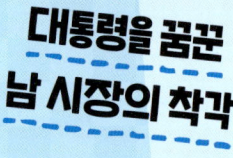

05 엄청난 부끄럼쟁이 시장님

06

한소희 여사, 영웅이 되다!

 07

고소희, 조선 시대의 위인을 만나다!

참 시민상을 거절한 한소희 여사

 08

 09

요미24 편의점의 치열한 권력 다툼

100퍼센트를 만든 그들의 비밀

요미즈의 신곡 <비빔밥, 아파?>

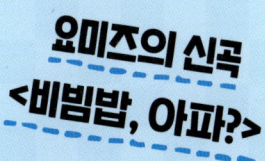

 10

11

정치 01

다수결의 원칙
아이돌 리더 뽑기

훗, 요미즈의 미모 담당은 나야.

고인 물 아이돌 그룹 요미즈는 채수빈, 반민초, 고소희 세 멤버끼리 사이가 좋아. 데뷔하기 전 연습생 시절부터 폭발적인 인기를 끄는 동안에도 늘 그런 것처럼 보여. 물론, 팬들이 보기엔 그래.

사실은 참 안타깝게도 종종 불화가 있었어. 팬 사인회를 할 때로 기억해. 팬들이 우르르 모여 멤버 사진을 찍었어. 그런데 다들 수빈이만 외치며 찍는 거야. 고소희가 수빈이 앞을 막으며 나왔어.

"흥, 왜 얘만 찍어?"

팬 사인회에서도 팬들이 수빈이 사인만 받았어. 고소희는 옆에 앉아서 과자만 우적우적 씹고 있었지.

"얘들아, 내가 사인해 줄까?"

팬들은 고소희를 지나쳤어. 고소희는 조금 섭섭했지만, 기분이 아주 나쁘진 않았어. 탁자에 먹을 것이 많았거든.

뮤직비디오 촬영할 때도 다툼이 일어났어. 촬영 감독님의 신호에 따라 노래를 부르기 시작했어. '막 먹어~ 막 먹어~ 쓸어 담아 무한 리필~ 입 닿는 그곳이 뷔페~' 그런데 앞에서 부르던 고소희가 혼자 튀려고 나오다가 카메라를 쓰러뜨렸어. 촬영 감독님은 화를 참고 다음 장면을 찍었지. 폭발하는 장면을 찍는다고 폭발물처럼 생긴 모형을 손에 들게 했어. 모형이라고 했지만, 진짜 폭발할 것처럼 불꽃이 피어올랐어. 수빈이와 민초가 고소희에게 미뤘어.

"소희 언니가 들어. 언니가 리더잖아!"

고소희가 어쩔 수 없이 모형을 들게 됐지만, 촬영하는 내내 표정이 안 좋았어. 곧 터질 것 같았거든. 그러다 보니 뮤직비디오 촬영은 일주일간 밤잠을 못 자고 계속되었지. 결국 참다 못한 채수빈이 고소희에게 따졌어.

"언니! 프로답지 않게 그럴 거면 리더 자리를 내놓지? 누가 뭐래도 미모를 담당하는 내가 리더에 어울려."

얌전하던 반민초도 욕심을 부렸어.

"우리 그룹에서 가장 깜찍한 내가 리더가 되어야지. 우리 같은 **민주주의** 그룹에서는 팬들의 **투표**로 리더를 뽑아야 해."

고소희가 순순히 물러날 리가 없었지.

"미모? 흥, 동글동글한 내가 낫지? 그리고 네가 깜찍해? 끔찍하다, 얘!"

고소희는 **다수결** 투표로 뽑으면 불리한 걸 알았어. 그래서 자신이 가장 유리한 방법을 말하며 윽박질렀어.

"'누가 가장 많이 먹나'로 해! 나한테 이기면 리더 자리를 줄게!"

"어떻게 이겨! 이건 독재, 독재야!"

"맞아! 먹방으로는 찌양이 와도 못 이긴다고!"

결국 지상 최고 아이돌 그룹 요미즈의 리더는 바뀌지 않았고, 세 멤버의 리더 쟁탈전도 허무하게 끝나고 말았지. ★

> **어휘 엿보기**
>
> • **민주주의**(民主主義)
> 국민이 권력을 가지고 그 권력을 스스로 행사하는 제도
>
> • **투표**(投票)
> 선거를 하거나 찬성과 반대를 결정할 때에 투표용지에 의사를 표시하여 일정한 곳에 내는 일
>
> • **다수결**(多數決)
> 여러 사람이 함께 어떤 결정을 할 때, 가장 많은 사람이 선택한 의견이나 방법을 따라 결정하는 것

요미월드 신문

대중의 선택은 늘 옳을까?

초절정 인기 아이돌 그룹이 리더를 뽑을 때 민주주의 방식인 다수결 원칙을 적용하기로 했다고 합니다. 팬들의 투표를 통해 새롭게 리더를 뽑는 방식을 채택한 것입니다. 구독자 200만을 보유한 한 유튜버가 자신의 채널에서 실시간 방송을 통해 이 대형 이벤트를 중계했습니다.

예상과 달리 팬들의 참여는 저조해 총 25명이 투표에 나섰고, 11표를 얻은 고소희가 리더의 자리를 계속 지키게 되었습니다. 승리를 거둔 고소희는 "저는 민주주의를 실천하는 리더예요. 자신이 있으니 언제든 다수결 원칙에 따라 투표할 수 있어요"라고 했고, 가장 적은 표를 얻은 반민초는 "이 방식은 엉터리!"라며 "외모, 노래 실력이 가장 뛰어난 내가 리더가 되어야 한다"며 불만을 토로했습니다.

신문 해설

민주주의의 기본 정신은 '인간 존중, 자유, 평등'이에요. 모든 인간은 성별이나 학력, 재산과 관계없이 똑같이 소중한 생명과 인격을 가지고 태어난다는 뜻이지요. 이러한 기본 정신에 따라 국민은 기본권을 가지며 동시에 4대 의무를 지니게 돼요. 민주주의 국민이 누릴 수 있는 기본권에는 평등권(성별·종교·직업 차별 금지), 자유권(종교·표현·신체 자유), 사회권(교육·근로·환경 권리), 청구권(재판·배상 청구), 참정권(선거·공무 참여) 등이 포함돼요.

민주주의는 다수결의 원칙에 따라 실현돼요. 국민 다수의 의견을 반영하기 위해서이지요. 직접 민주주의는 국가가 어떤 일을 결정하고 집행할 때 국민이 직접 참여하는 방식이고, 간접 민주주의는 모든 국민의 의사를 일일이 반영하기 어려우므로, 선거를 통해 뽑힌 대표들이 국가의 일을 결정·집행하는 형태예요.

202×년 00월 00일

"다수결의 원칙은 항상 옳아! 대중들이 내가 가장 실력 있고, 외모도 뛰어난 것을 아니까 가장 많은 표를 주잖아. 대중의 선택은 항상 옳은 거지!"

똑똑한 맞대결

"뭐라고? 말도 안 돼! 다수의 선택이 언제나 옳은 건 아니야. 누가 보더라도 외모와 실력은 내가 더 나으니까! 다만, 다수결의 결과를 인정하는 것뿐이지."

똑똑한 문제와 정리

● 다음 빈칸에 알맞은 말을 쓰세요.

민주주의의 핵심 원칙으로 다수의 의견을 채택하는 의사 결정 방식이다.

☐ ☐ ☐ ☐

● 아래 중 민주주의 국가의 국민이 가지는 기본권 두 가지를 고르세요.

① 밥 먹을 수 있는 식권
② 재판을 받을 수 있는 청구권
③ 선거에 참여하는 참정권
④ 해외여행 때 필요한 여권

교과서 상식 백과

우리나라 국민들은 다양한 권리를 누리지만, 동시에 반드시 지켜야 할 의무도 가지고 있어요. 헌법에서는 우리나라 국민이 지켜야 할 4대 의무를 규정하고 있지요. 4대 의무는 국방의 의무, 납세의 의무, 교육의 의무, 근로의 의무예요.
이 가운데 국방의 의무는 남성에게만 병역의 책임을 부과하고 있으며, 납세, 교육, 근로의 의무는 동시에 권리의 성격도 가지고 있어요. 교육의 의무에 따르면 부모는 자녀에게 초등학교 이상의 교육을 의무적으로 제공해야 하고, 납세의 의무를 위반해 세금을 내지 않거나 고의로 탈세를 하면 법적인 제재를 받게 되지요.

정치 02

독재와 민주주의
요미상사에 불어닥친 새바람

요미상사는 위기의 연속이었어. 요미즈 그룹에 납품한 미완성 자율 주행 자동차가 문제를 일으켜 큰 사고가 일어날 뻔했지. 제동 장치가 작동하지 않아 바닷물에 빠진 자동차는 다행히 바로 건져냈고, 요미즈 멤버도 모두 무사했어. 남기남 사장은 그 후로 직원들을 힘들게 했어.

"김영우 과장! 보고서를 새벽 3시까지 완성해서 보고해요!"

"한소희 대리! 점심시간은 앞으로 10분이니 그렇게 알아요!"

사무실 안에는 냉기가 감돌았어. 직원들은 숨소리도 내지 못할 지경이었어. 그러던 어느 날, 한소희 대리가 자리에 앉아서 과자를 소리 내지 않고 야금야금 씹어 먹다가 도저히 못 참겠는지 벌떡 일어났어.

"사장님! 이건 **독재**예요, 독재!"

"맞아요! 이런 분위기에서는 창의적인 아이디어도 나오지 않는다고요!"

김영우 과장도 거들었어. 거기에 힘을 얻어 한소희 대리가 말을 이었어.

"회사를 살리려면 **민주주의** 방식으로 운영해요. **공산주의**가 아니라 민주주의요!"

남기남 사장이 고개를 갸웃거렸어.

"민주주의의 반대말은 공산주의가 아닌데! 독재와 민주주의는 **권력**을 나누는 차이

어휘 엿보기

- **독재**(獨裁)
특정한 개인이나 소수가 어떤 분야에서 모든 권력을 차지하여 모든 일을 마음대로 결정하는 것
- **민주주의**(民主主義)
국민이 권력을 가지고 그 권력을 스스로 행사하는 제도
- **공산주의**(共産主義)
사람들이 함께 일하고, 번 돈이나 얻은 것을 모두가 똑같이 나누어 쓰는 제도
- **권력**(權力)
다른 사람을 자신의 뜻대로 움직이게 하거나, 시키는 대로 하게 만드는 힘
- **혁신**(革新)
낡은 제도, 방식, 생각 등을 완전히 바꾸어서 새롭게 하는 것

에 따른 개념이고, 공산주의는 경제적인 개념이지. 그건 그렇고 어떻게 하자는 거지?"

한소희 대리는 서로 평등하게 반말하고, 업무도 공평하게 나누자고 했어. 남기남 사장은 그 말이 일리가 있다고 생각했어. 위기의 요미상사를 구하기 위해선 극단의 방식을 도입해야 한다는 생각이었지.

"좋아! 그럼 지금부터 반말 시작!"

그 말이 떨어지자마자, 김영우 과장이 정수기 옆의 생수통을 가리켰어.

"어이! 남 사장, 저 생수통 좀 바꿔. 저 무거운 걸 나만 들었다고!"

남기남 사장이 군말 없이 무거운 생수통을 들어 올렸어. 이번에는 한소희 대리가 말했어.

"남 사장! 배달할 점심 메뉴 좀 정해 봐! 시켜 주는 것만 먹지 말고!"

"그럴까?"

남기남 사장이 휴대 전화에 음식 배달 어플을 깔고, 음식점들을 비교했어. 중국집, 한식, 냉면집, 치킨, 피자……. 수많은 음식점 중에 하나를 선택하고, 그 식당의 메뉴 중에 또 직원들이 원하는 음식을 취합하다 보니 두 시간이 훌쩍 지났지. 남기남 사장이 요미상사를 설립한 이래 가장 힘든 오전이었어. 배달한 짜장면이 와서 허겁지겁 먹던 남기남 사장은 입가에 짜장 소스를 잔뜩 묻힌 채 흐뭇하게 웃었어.

'**혁신**적인 민주주의 경영 방식을 도입한 난 천재 기업인이야!' ★

요미월드 신문

역사를 망각한 루마니아 국민

루마니아의 독재자 니콜라에 차우셰스쿠에 대한 추모 바람이 루마니아 내부에서 불고 있다는 소식입니다. 차우셰스쿠는 1967년 국가평의회 의장이 된 이후, 20년 넘게 권력을 휘두르며 독재 정치를 펼친 인물로 평가받고 있습니다. 그는 국민이 굶어 죽는 상황에서도 가족들과 호화롭게 생활하면서 자신의 경쟁자들을 제거하고, 국민을 엄격히 통제하는 등 독재적 행위를 이어가다 1989년, 자국 군대에 의해 처형되었습니다. 그런데도 그의 독재를 망각한 채 일부 루마니아인들이 그를 추모해 논란이 일고 있습니다.

이 소식을 들은 요미시의 남기남 씨는 "때로는 독재가 필요하다"며 이들을 옹호했고, 김영우 씨는 "독재자는 당장은 힘으로 국민들을 통제할 수 있지만, 결국엔 끝이 좋을 수 없다"며 비판했습니다.

신문 해설

세계 현대사에서 독재자로 불린 이들이 많아요. 캄보디아의 폴 포트는 집권 4년이 채 안 되는 동안 130여만 명의 사람을 학살한 악명 높은 독재자였어요. 우간다의 이디 아민 대통령은 재임 중 자신의 정적이던 특정 부족을 없애려 했지요. 칠레의 독재자 피노체트는 쿠데타로 집권한 뒤, 자신을 반대하는 예술가와 정치인, 시민들을 산티아고 월드컵 경기장에 대거 감금해 고문하기도 했어요.

독재는 민주주의와 달리 권력이 한 개인이나 집단에 집중되고, 정해진 법치주의에 따라 정치가 이루어지지 않지요. 자유는 억압되고, 반대 의견은 무시되거나 탄압받게 되지요. 반면 민주주의에서는 권력이 국민에게 분산되고, 법치주의와 권력 분립(입법·행정·사법)을 기반으로 해요. 또 선거를 통해 정권 교체가 가능하며, 언론과 표현의 자유가 보장되지요.

202×년 00월 00일

"독재 정치는 물론 바람직하지 않은 정치라고 생각해! 하지만 때로는 강력한 힘으로 끌고 가야 큰 성과를 낼 수 있는 순간도 있지. 모든 이들의 의견을 모으다 보면 시간이 너무 걸리거든."

"1인 독재 정치는 바른 방향으로 나아가기 어려워요. 한 사람의 판단만으로는 그 생각이 옳은지 스스로 가늠하기 힘들잖아요. 그래서 여러 구성원의 의견을 수렴하는 민주주의 정치가 필요해요!"

똑똑한 문제와 정리

● 다음 빈칸을 채우세요.

권력이 한 개인 또는 한 집단에 집중되어 있는 정치 체제를 ☐☐ 라고 한다.

● 아래 중 독재 정치에서 나타날 수 있는 현상을 모두 고르세요.

① 표현의 자유가 생긴다.
② 자유가 억압된다.
③ 정적이 제거된다.
④ 선거를 통해 정권이 교체된다.

교과서 상식 백과

이탈리아의 독재자 베니토 무솔리니는 "모든 것은 국가에 있고, 국가 외에는 아무것도 없으며, 국가에 반대하는 어떤 것도 존재하지 않는다."라고 했어요. 독일의 독재자 아돌프 히틀러 또한 "삶이란 곧 국가요. 개인은 국가를 위해 어떻게든 희생을 해야 하지 않겠는가?"라고 했고요. 이처럼 국가와 같은 전체의 가치를 개인보다 우위에 두고, 전체 사회의 발전을 위해 개인이 희생해야 한다고 강조하는 사상을 '전체주의'라고 불러요.
전체주의 체제에서 독재자들은 이를 앞세워 정당성을 주장하며 개인의 자유를 심각하게 억압하고, 반대 세력을 탄압하곤 하지요.

정치 03

민주주의 꽃, 선거
고소희가 학생회장이 되려는 이유

 어휘 엿보기

- **선거**(選擧) 많은 사람이 모여서 누가 대표가 될지 투표로 뽑는 일
- **선거**(選擧)**의 사원칙**(四原則)
  보통 선거 일정한 나이만 되면 누구나 차별 없이 선거에 참여할 수 있게 하는 제도
  평등 선거 모든 사람이 공평하게 한 표씩 투표하고, 그 표의 가치를 똑같이 인정하는 것
  직접 선거 내가 직접 투표해서 대표를 뽑는 것
  비밀 선거 누가 누구에게 투표했는지를 드러나지 않게 하는 제도
- **부정 선거**(不正 選擧) 정당하지 못한 수단과 방법으로 행해진 선거
- **당선**(當選) 선거에서 뽑힘

요미월드 신문

요미시, 첫 시민 투표 실시

　요미시에서 시민 투표가 실시되었습니다. 이번 투표는 요미시 시민을 대상으로, 저렴한 비용으로 아침 식사를 제공하는 방안에 대한 찬반 투표였습니다. 요미시는 아침 식사를 1인당 6,000원에 모든 시민에게 제공하되, 비용 납부는 강제적이라고 밝혔습니다. 즉, 식사 여부와 관계없이 비용을 반드시 지불해야 한다는 설명이었습니다.
　투표에 참여한 시민들의 의견은 엇갈렸습니다. 이번 투표는 5세 이상부터 참여할 수 있었고, 요미초등학교에 다니는 김서아 양은 "엄마가 해 주는 밥보다 맛있을 것 같아서 찬성표를 던질 거예요"라고 말했습니다. 반면 요미즈의 리더 고소희 양은 "난 내가 먹고 싶은 것만 먹어야 하고, 그 시간엔 잠들어 있을 때라서 반대해요"라고 밝혔습니다. 개표 결과는 오늘 밤 발표될 예정입니다.

신문 해설

　선거는 많은 사람 가운데 적합한 사람을 뽑는 행위를 말하고, 투표는 선거 또는 어떤 사안의 찬반을 정할 때 투표용지에 의사를 표시해 지정된 곳에 내는 일을 말해요. 즉, 투표로 선거가 이루어지는 거지요.
　우리나라에서는 여러 종류의 선거가 있어요. 대통령이나 국회 의원을 뽑을 때도 선거가 이루어지고, 시장이나 도지사 등 지방 자치 단체장과 지방 의회 의원을 뽑을 때도 선거를 통해 진행돼요. 대통령은 5년마다, 국회 의원과 지방 자치 단체장은 4년마다 선출하기 때문에 선거 시기는 서로 달라요.
　민주주의 국가에서는 선거를 통해 민주주의를 실현하기 때문에 반드시 지켜야 할 선거의 네 가지 원칙이 있어요. 재산, 학력, 성별 등에 차별받지 않고 일정한 나이가 되면 누구나 투표권을 가지는 보통 선거, 모두 공평하게 한 표씩 갖는 평등 선거, 그리고 직접 선거, 비밀 선거가 그것이지요.

202×년 00월 00일

"선거와 투표가 꼭 올바른 결과를 만들어내지는 않는 것 같아. 아빠가 뽑은 국회 의원이 훌륭한 사람은 아닌 것 같잖아. 걸핏하면 싸우는 국회 의원을 왜 뽑았나 몰라!"

"항상 옳은 결과를 만들어내진 못해도 선거와 투표는 꼭 필요해! 선거가 없다면 사람들의 의견을 반영할 수 있는 제도가 없어지는 것이니까!"

똑똑한 문제와 정리

● 맞으면 ○, 틀리면 X 하세요.

① 대통령 선거는 4년마다 한다. ☐

② 선거의 네 가지 원칙 중 가장 중요한 원칙은 간접 선거이다. ☐

③ 누구나 한 표씩 행사할 수 있는 것을 평등 선거라고 한다. ☐

● 다음 빈칸을 채우세요.

재산, 학력, 성별 등에 차별받지 않고 일정한 나이가 되면 누구나 투표권을 가지는 것을 ☐☐☐☐ 라고 한다.

교과서 상식 백과

우리나라에서 선거를 관리하는 정부 기관은 중앙 선거 관리 위원회예요. 중앙 선거 관리 위원회는 선거를 공정하게 운영하기 위해 행정부나 국회, 법원 같은 다른 국가 기관에 속하지 않고, 독립된 기관으로 존재해요. 대통령 선거, 국회 의원 선거는 물론이고, 전국동시지방선거와 국민 투표까지, 국민이 참여하는 모든 선거를 관리·감독하는 역할을 맡고 있지요. 또 선거가 실시되기 전에는 선거 일정과 절차를 정해 공표하며, 선거에 참여한 후보자와 유권자가 불법 행위를 하지 않는지 감시하는 역할도 해요. 개표가 시작되면 투표함을 안전하게 관리하고 개표가 끝날 때까지 개표 관리도 맡아서 하지요.

정답 ①× ②× ③○, 보통 선거

정치 04

삼권 분립과 권력
대통령을 꿈꾼 남 시장의 착각

남기남 시장은 말만 번지르르한 시장이었어. 시장 취임식 소동이 끝난 후 6개월이 지났지만, 헌법에 대해 무지했고, 제대로 일하지 않았어.

"아, 요미상사에서 너무 과로했어. 시장으로 있을 동안 푹 쉬어야지."

남기남 시장은 날마다 시청으로 아주 늦게 출근하고, 어떤 날은 아예 출근하지 않기도 했어. 시청 공무원들과 회의해도 혼자 엉뚱한 이야기만 몇 시간을 떠들다가 회의를 끝냈지.

"우리 시의 음식점 영업이 잘되게 할 정책을 만들고 있다고요? 그거 쉽지! 보리밥 알죠? 고슬고슬한 보리밥에 신선한 채소를 듬뿍 넣고, 거기에 불고기도 얹어서 고추장으로 비벼 먹으면 최고지. 모든 식당을 보리밥 식당으로 바꾸라고 해요. 그럼 다 잘될 거요!"

남기남 시장이 엉뚱한 소리를 해도 주위 사람들은 오히려 머리를 굽신거리며 아부만 했어. 그러니 남기남 시장은 더 큰 욕심이 생겼지.

"다음엔 대통령 선거에 나가야겠어. 대통령이 되면 내 마음대로 할 수 있으니까 그땐 모든 음식점을 보리밥집으로 바꾸라고 해야지."

딱 한 사람 남기남 시장을 말리는 이가 나타났어. 김요미 행정부시장이었지. 생김새는 외계인처럼 생겼지만, 똘똘해 보였어.

"대통령이라고 함부로 할 수 없습니다!"

"왜 안 된단 거야?"

"이 나라는 **삼권 분립**을 실시하는 민주주의 국가예요."

"삼권 분립? 그게 뭔데?"

"권력이 한쪽에 치우치면 안 되어서 권력을 크게 세 군데로 분산시켜 서로 **견제**하도록 한 거지요."

김요미 행정부시장은 설명을 계속했어.

"**입법부**인 국회, **행정부**인 정부, **사법부**인 법원 등의 권력 기관 세 곳이 서로 견제하며 권력이 남용되는 것을 막고, 국민의 자유와 기본권을 지키는 제도예요."

남기남 시장이 얼굴을 찌푸렸어. 듣기만 해도 머리 아픈 내용이었거든.

"그만해! 다 아는 사실을 왜 떠드는 거야!"

그러고는 벌떡 자리에서 일어났지. 오후 3시였어. 출근한 지 4시간이 지난 시각이었지. 11시에 출근해서 12시에 점심을 먹고, 1시에 낮잠을 잤다가 2시 반에 일어나서 잠깐 회의했던 거였어.

"아니, 아직 회의가 끝나지 않았는데 어디 가시게요?"

"끝났어. 회의 끝! 얼른 퇴근해야 해! 보리밥 한 그릇 먹고 가야지."

남기남 시장은 오랜만의 격무에 지쳤는지 피로한 표정을 지으며 퇴근하고 말았지. ★

어휘 엿보기

- **삼권 분립**(三權 分立)
국가의 권력을 입법, 사법, 행정으로 나누어 서로 견제와 균형을 이루게 하는 제도

- **견제**(牽制)
상대방이 세력이나 영향력을 지나치게 키우거나 자유롭게 행동하지 못하게 일정한 작용이나 수단으로 억누르는 것

- **입법부**(立法府)
법을 만들고 고치는 기관

- **행정부**(行政府)
만들어진 법을 집행하고 나라 살림을 하는 기관

- **사법부**(司法府)
법에 따라 재판을 하는 기관

요미월드 신문

남 시장, 법원을 멈추다!

요미시의 남기남 시장이 요미시 법원을 강제로 해산시켜 논란이 일고 있습니다. 요미시에는 지난 한 해 동안 총 112건의 강력 범죄와 27건의 경범죄가 발생했고, 엄정한 재판을 통해 이에 대한 심판이 이루어졌습니다. 남기남 시장은 "법원을 없애는 대신 시장이 직접 재판을 관할하겠다"고 하며 "요미시의 지방 의회도 곧이어 폐쇄시킬 계획"이라고 밝혔습니다.

이에 공무원 사회에서도 반발이 확산되고 있습니다. 김요미 행정부시장은 "민주주의를 표방하는 요미시에서 권력이 한 사람에게 집중되면 문제가 생긴다"며 "시민들과 함께 남기남 시장의 횡포를 막기 위해 노력하겠다"고 강조했습니다. 한편, 법원이 강제로 해산됨에 따라 법원에 계류 중인 재판 75건은 당분간 보류될 것으로 보입니다.

신문 해설

삼권 분립은 국가의 권력을 입법부(국회), 행정부(정부), 사법부(법원)로 나누어 상호 견제하게 하는 민주주의 원칙이에요. 국회는 법률을 제정하고 예산을 심의하며, 행정부를 감시하는 기관이고, 행정부는 국회가 만든 법률을 집행하고 국정을 운영하는 기관이에요. 사법부는 법률에 따라 재판하고, 국민 간의 분쟁이나 범죄를 해결하는 기관이지요.

민주주의 나라에서는 각 기관이 서로를 견제해서 한 기관의 권력이 커지는 것을 막고 있어요. 국민이 나라의 주인이기 때문에, 특정 개인이나 기관이 권력을 독점하지 못하도록 한 거지요. 이는 국민의 자유와 권리를 보호하기 위한 거예요. 프랑스의 사상가 몽테스키외는 1748년 《법의 정신》에서 권력자들은 자신의 권력을 힘껏 사용하고 싶어 한다며, 정치적 자유의 보장을 위해 삼권 분립의 중요성을 강조했어요.

202×년 00월 00일

"국가를 효율적으로 운영하려면 무엇이든 신속하게 논의하고 결정하는 것이 좋아. 그러려면 기관을 여러 개 두거나, 서로 견제하는 구조를 없애야 해. 내가 삼권 분립을 반대하는 이유지."

똑똑한 맞대결

"권력이 한곳에 집중되면 남용될 수 있어요. 이를 막으려면 서로 견제할 수 있는 제도가 꼭 필요해요. 삼권 분립은 권력 남용을 예방하고 민주주의를 지키기 위해 꼭 필요한 제도라고요!"

똑똑한 문제와 정리

● 맞으면 O, 틀리면 X 하세요.

① 가정, 학교, 회사가 분리되어야 하는 것을 삼권 분립이라고 한다. ☐

② 행정부는 법률을 제정하는 기관이다. ☐

③ 사법부는 법률에 따라 분쟁이나 범죄를 해결하는 기관이다. ☐

● 다음 빈칸을 채우세요.

1748년에《법의 정신》이라는 책을 통해 삼권 분립을 주장한 사상가는 ☐☐☐☐☐ 이다.

교과서 상식 백과

국회는 국민이 직접 뽑은 국회의원들이 국민을 대신해 정치를 하는 곳이에요. 국회가 하는 여러 일들 중 가장 중요한 것은 국민이 바라는 새로운 법을 만들거나, 국민 생활에 악영향을 미치는 오래된 법을 고치는 일이에요.

또한 국회는 나라 살림을 책임지는 국가 예산에 대한 결정권을 가지고 있어요. 국민의 소중한 세금이 낭비되지 않도록, 꼭 필요한 곳에 세금이 쓰이게 계획을 세우고, 어디에 얼마나 썼는지도 꼼꼼하게 감시하지요. 그리고 행정부의 여러 기관이 제대로 일하고 있는지 면밀하게 감시하고 심사하는 역할도 하고 있어요.

정치 05

헌법과 법률
엄청난 부끄럼쟁이 시장님

　어느 날 인기 절정의 아이돌 그룹 요미즈는 선거에서 당선된 새로운 요미시의 시장 **취임** 축하 행사에 참여하게 되었어. 그런데 새로운 시장은 어딘가 낯이 익었어. 고소희가 시장을 알아보고 소리쳤어.
　"어? 아저씨는 요미상사 남기남 사장님 아니에요?"
　"하하하, 알아보는구나. 이번에 시장 선거에 도전해서 당선되었지."
　남기남 사장, 아니 시장님은 자신의 정치 철학을 설명했어.
　"난 **헌법**에 입각해 요미시를 다스릴 거야."
　"헌법? 그게 뭐죠?"
　"한 나라를 다스리는 데 기본이 되는 것이라고나 할까. 국가의 조직이나 운영에 관해 정해 놓은 것이기도 하지. 내가 대통령이 아니라 시장이지만 헌법이나 **법률**에 기초해 요미시를 운영해야지."

지금 나 놀리는 거지?

고소희는 요미상사의 다른 두 직원이 궁금해져서 물었어.

"그분들은 이제 뭐 해요?"

"아, 나를 대신해서 회사를 운영하고 있어. 아주 성실하고 똑똑한 직원들이어서 문제없이 해 나갈 거야."

둘은 인사를 나눈 후, 시민들이 운집해 있는 광장으로 갔어. 광장에는 커다란 무대가 설치되어 있었고, 곧바로 요미즈의 공연이 시작되었지. 요미즈는 취임 축하 공연을 위한 특별곡 〈시장님은 엄청난 부끄럼쟁이!〉를 부르기 시작했어.

"슈퍼 샤이~ 슈퍼 샤이~ 시장님은 슈퍼 샤이~ 머리카락이 없어서 슈퍼 샤이~ 욕심만 많은 슈퍼 샤이~"

남기남 시장은 노래 가사를 들으며 슬슬 기분이 나빠졌어. 그때 고소희가 무대 위에서 남기남 시장의 반질반질한 민머리를 손가락으로 가리키며 목소리를 높여 노래했어.

"슈퍼 샤이~ 내 눈이 갑자기 빛나지~ 슈퍼 샤이~"

그 순간 남기남 시장이 벌떡 일어나 화를 냈어.

"이건 명예 훼손죄야. 저렇게 괴상한 춤을 추며 공연하는 것도 범죄이고, 당장 공연을 중지하고 잡아들여!"

그때 남기남 시장의 뒤에서 구경하던 시민들이 말렸어.

"시장님, 안 돼요. 헌법으로 보장된 **자유권**과 **평등권**을 해치는 거예요!"

"맞아요! 표현의 자유를 침해해선 안 돼요."

그제야 남기남 시장은 다시 자리에 앉아 무대를 바라보았지. 요미즈의 공연은 무척 성공적이었다고 해. ★

어휘 엿보기

- **취임**(就任)
  새로운 일을 맡아 처음으로 그 자리에 올라 일을 시작함

- **헌법**(憲法)
  국가의 조직과 운영, 그리고 국민의 기본권과 의무를 정해 놓은 가장 기본적이고 중요한 법

- **법률**(法律)
  나라에서 만든, 국민 모두가 반드시 지켜야 하는 공식적인 규칙

- **자유권**(自由權)
  국가로부터 부당한 간섭이나 침해를 받지 않고 자유롭게 생활할 권리

- **평등권**(平等權)
  모든 국민이 성별, 종교, 사회적 신분 등 어떠한 이유로도 부당한 차별을 받지 않고, 법 앞에 평등하게 대우받을 권리

요미월드 신문

무단 횡단에 5년 징역형?

　요미시의 남기남 시장이 요미시 법원을 강제로 해산시킨 후, 직접 판사 역할까지 맡으면서 파장이 일고 있습니다. 얼마 전 법원이 해산되자, 그곳에서 진행 중이던 사건들은 모두 잠정적으로 재판이 보류된 상태였습니다. 그러나 남기남 시장은 돌연 재판을 속개했고, 하루도 채 걸리지 않아 75건의 사건을 졸속으로 처리하고 말았습니다.

　첫 번째 재판에 오른 사건은 요미시에 거주하는 김영우 씨가 저지른 무단 횡단 사건이었습니다. 김 씨는 한밤중, 차량이 전혀 없는 것을 확인한 후 빨간불에 횡단보도를 건넜다고 전해졌습니다. 하지만 남기남 판사는 김 씨의 이 같은 불법 행위에 대해 5년 징역형을 선고했습니다. 이를 지켜보던 김요미 행정부시장이 거듭 만류했지만 끝내 소용이 없었습니다.

신문 해설

　헌법과 법률은 모두 국가의 기본 규칙이지만, 헌법은 국가의 최고 규범이고 법률은 헌법을 기반으로 제정된 하위 규칙이에요. 우리나라의 헌법 제1조는 두 개의 항으로 구성되어 있어요.
　① 대한민국은 민주공화국이다.
　② 대한민국의 주권은 국민에게 있고, 모든 권력은 국민으로부터 나온다.
　이 제1조에는 국호를 대한민국으로 정하고, 국민이 주인이 되는 민주주의 국가라는 것을 밝히고 있어요.

　법률은 헌법에 비해 구체적으로 국민의 권리와 의무를 규정하며, 행정의 근거로 작용해요. 법률을 만드는 것은 국회이고, 헌법을 고치려면 국회의 의결과 국민 투표 과정을 반드시 거쳐야 하지요.

　예를 들어, 우리나라는 대통령이 한 번, 5년 동안만 재임할 수 있는 단임제인데 이를 두 번까지 가능한 중임제로 바꾸려면 먼저 헌법 개정이 이루어져야 해요.

202×년 00월 00일

"법은 만인에게 평등하다고 하잖아! 그런데 재판을 공정하게 해도 억울한 피해자가 나오더라고! 그러니 차라리 똑똑한 나 같은 사람이 혼자서 재판을 다 하는 게 나아!"

"재판을 아무리 공정하게 해도 실수가 나올 수 있어요. 그래서 한 번의 재판으로 끝내지 않고, 세 차례 재판을 받을 수 있게 하잖아요. 그런 사법 절차를 존중해야 해요."

똑똑한 문제와 정리

● 맞으면 ○, 틀리면 × 하세요.

① 법률은 국가의 최고 규범이다. ☐

② 법률을 고치려면 국민 투표에 부쳐야 한다. ☐

③ 우리나라의 주권은 국민에게 있다. ☐

● 다음 빈칸을 채우세요.

우리나라 헌법 제1조 1항은 '대한민국은 ☐☐☐☐ 이다.'라고 되어 있다.

교과서 상식 백과

우리나라 사법부는 재판할 때 삼심 제도에 따라 재판을 진행해요. 삼심 제도란 재판의 공정성과 정당성을 확보하기 위해 하나의 사건에 대해 최대 세 번까지 재판을 받을 수 있는 제도예요.

먼저 1심은 지방 법원에서 재판하며, 여기서 판결에 불복하는 경우 피의자나 검찰이 2심을 제기할 수 있어요. 이때는 고등 법원에서 다시 재판이 진행되지요. 2심 결과에도 만족하지 못하면 상소를 통해 대법원에서 마지막으로 3심 재판을 받을 수 있어요. 이러한 삼심 제도는 판사의 실수를 방지하고, 억울한 피해자가 생기는 것을 방지하기 위해 마련한 중요한 제도랍니다.

정치 06

계엄령과 기본권
한소희 여사, 영웅이 되다!

어휘 엿보기

- **계엄령**(戒嚴令) 대통령이 전쟁이나 내란 등과 같이 나라에 심각한 위기가 발생하여 사회 질서가 무너질 위험이 있을 때, 시민의 안전과 질서 유지를 위해 선포하는 특별한 비상사태
- **기본권**(基本權) 인간이 태어날 때부터 가지고 있는 기본적인 권리
- **국가 원수**(國家 元首) 한 나라에서 으뜸가는 권력을 지니면서 나라를 다스리는 사람
- **공권력**(公權力) 국가나 공공단체가 국민에게 명령하거나 강제로 따르게 할 수 있는 힘이나 권한
- **의결**(議決) 여러 사람이 모여서 의논하여 결정하는 것

요미월드 신문

계엄군에 붙잡힌 가족, 탈출 성공!

 지난여름 요미시의 한 가족이 겪은 충격적인 일을 소개합니다. 김영우, 한소희 부부는 딸 김서아 양과 함께 해외여행을 떠났습니다. 미얀마의 작은 도시에 머물던 이들 가족은 한밤중 갑작스럽게 숙소를 떠나야 했습니다. 미얀마의 군부가 군사 쿠데타를 일으켜 외국인들을 한곳에 집결시켰기 때문입니다.

 군부는 계엄령을 내린 후, 경찰과 군인들을 동원해 시민들의 외출을 막고, 방송국 등 언론사를 장악했습니다. 김서아 양의 가족은 이때 기지를 발휘했습니다. 집결한 장소에서 찾은 미얀마 군복으로 갈아입고 군인 흉내를 내며 그곳을 빠져나온 뒤, 곧장 공항으로 이동해 비행기를 타고 귀국한 것입니다. 한소희 씨는 "계엄령을 처음 겪었고, 무척 무서웠다"며 "다시는 이런 일이 일어나선 안 된다"고 말했습니다.

신문 해설

 계엄은 전쟁이나 국가 비상사태에 대통령 등 국가 원수가 군대를 민간과 사법에 투입하는 조치를 말해요. 계엄을 선포하는 명령을 '계엄령', 해제하는 것을 '계엄 해제'라고 하지요.

 계엄령이 내려지면 군대가 치안 유지를 위해 민간인을 통제하거나, 필요할 경우 구금·체포할 수도 있어요. 하지만 민주주의 국가에서는 국민의 자유를 제약하는 조치이므로 반드시 정해진 요건을 충족해야 해요. 전시나 사변 등의 비상사태가 일어나지 않았는데도 계엄령을 내리면 안 되겠지요? 계엄은 비상계엄과 경비계엄으로 나눌 수 있어요. 비상계엄은 사회 질서가 극도로 혼란하거나 적과의 교전이 이루어지는 상태일 때 내리게 되고, 경비계엄은 경찰 등 일반 행정 기관으로 치안 유지가 어려울 때 내리는 조치예요. 무분별한 계엄을 막기 위해 국회는 계엄 해제권을 가지고 있답니다.

202×년 00월 00일

"계엄을 하면 안 돼요! 계엄을 내리면 시민의 자유가 심하게 침해되잖아요. 게다가 계엄을 선포하는 이들 중에는 쿠데타를 일으켜 권력을 잡으려는 경우도 많고요."

"법적인 요건을 갖추지 못한 계엄은 허용되어선 안 되지만, 전시 같은 비상 상황에서는 필요하다고 생각해요. 계엄을 내려 통제하지 않으면 사회가 극심한 혼란에 빠질 테니까요."

똑똑한 문제와 정리

● 맞으면 ○, 틀리면 ✕ 하세요.

① 계엄령은 국무총리가 내릴 수 있다. ☐

② 계엄은 평화로울 때 내리는 것이다. ☐

③ 국회는 계엄을 해제할 권한이 있다. ☐

● 다음 빈칸을 채우세요.

계엄의 두 가지 종류 중 적과의 교전이 발발했을 때 내리는 것을 ☐☐☐☐ 이라고 한다.

교과서 상식 백과

우리나라 헌법 제77조 1항은 '대통령은 전시·사변 또는 이에 준하는 국가 비상사태에 있어서 병력으로써 군사상의 필요에 응하거나 공공의 안녕질서를 유지할 필요가 있을 때, 법률이 정하는 바에 따라 계엄을 선포할 수 있다'고 규정하고 있어요. 우리나라에는 지금까지 총 11번 계엄이 선포되었어요. 가장 최근인 2024년 12월 3일 선포된 계엄은 요건을 충분히 갖추지 못한 채 내려진 것이었어요. 이에 국회는 12월 4일 새벽, 재적 의원 과반수 찬성으로 계엄 해제안을 가결하였지요. 이처럼 계엄이 선포되더라도 국회의 해제 권한을 통해 국민의 자유와 권리를 지키고 권력 남용을 견제할 수 있답니다.

정치 07

부정부패와 사회 비용
고소희, 조선 시대의 위인을 만나다!

타임머신을 타고 조선 시대로 간 고소희가 여전히 돌아오지 못하고 있던 208×년이었어. 고소희는 오래전 남 대감의 대궐 같은 집에서 혼쭐이 났었지만, 그곳에서 하인으로 지내고 있었어. 남 대감이 싫었지만, 밥이라도 한술 얻어먹고 살려면 어쩔 수가 없었어. 남 대감이 시키는 대로 마당을 쓸라고 하면 비질하고, 나무를 해오라고 하면 산으로 올라갔지. 평소 몸을 움직이지 않던 고소희는 열심히 일해서인지 늘 허기가 졌어.

"못 참겠다! 오늘은 고봉으로 밥 다섯 그릇을 먹어야지."

남 대감은 재산을 축내는 고소희가 보기 싫어서 눈엣가시처럼 여겼지.

그러던 어느 날, 고을에 난리가 났어. 이계심이라는 이가 백성 천여 명을 데리고 관아에 쳐들어가서 난을 일으켰던 거야. 과도하게 세금을 걷어 백성

을 괴롭히고, **매관매직**하는 **탐관오리**를 벌해야 한다고 주장했지. 그걸 본 남 대감이 방에 틀어박혀 꼼짝하지 않았어.

'나도 **부정부패**가 심했는데 괜찮으려나?'

하지만 고을 사또가 무력으로 이계심 무리를 진압했고, 이계심은 붙잡히고 말았어. 고소희는 마을 사람들에 섞여 관아로 구경하러 갔었지.

그런데 놀라운 일이 벌어졌어. 새로 부임한 관리가 이계심을 풀어 준 거야. 새로 부임한 높은 관리인 부사는 사건을 조사한 다음 오히려 **청렴**하고 검소하지 못했던 **공직자**를 벌주었어. 그 관리가 눈을 부릅뜨고 죄를 지은 공직자를 꾸짖었어.

"무릇 나라의 녹을 먹은 이는 청렴하고 검소해야 하며 **애민** 정신을 갖춰야 하거늘, 너는 어찌 행동을 똑바로 하지 못한 것이냐!"

고소희는 무섭게 꾸짖는 관리가 멋져서 마을 사람에게 물었어.

"저 아저씬 누구예요?"

"그 유명한 정약용 나리를 모르오?"

고소희는 깜짝 놀라서 정약용 앞으로 달려가며 소리쳤어.

"정약용 아저씨, 저 좀 돌아가게 해 줘요! 최고 인기 그룹 요미즈의 리더가 여기 있을 순 없어요!"

고소희는 관아의 포졸들을 뚫고, 막아서는 포졸을 넘어뜨리며 정약용에게 뛰어갔어. 그런데 그때 스르르 자신의 몸이 사라지는 것을 느꼈어. 드디어 신형 타임머신을 개발해 고소희를 현재로 되돌아오게 하는 데 성공했던 거였어. 현재로 되돌아온 고소희는 정약용과 대화를 나누지 못한 게 아쉬웠지만, 오늘 저녁 메뉴로 뭘 먹을지 고민하다가 금세 기분이 좋아졌지. ★

어휘 엿보기

- **매관매직**(賣官賣職)
  돈이나 재물을 받고 벼슬을 시킴
- **탐관오리**(貪官汚吏)
  백성의 재물을 탐내어 빼앗는, 행실이 깨끗하지 못한 관리
- **부정부패**(不正腐敗)
  정직하지 않고 나쁜 방법으로 자기 이익을 챙기는 행동
- **청렴**(淸廉)
  마음이 깨끗하고, 욕심이 없으며, 올바르게 행동하는 것
- **공직자**(公職者)
  공무원이나 국회 의원처럼 나라나 마을 일을 맡아서 하는 사람
- **애민**(愛民)
  백성을 사랑함

요미월드 신문

소각장 부정부패 사건의 전말

요미시의 쓰레기 처리장을 관리하는 공무원이 비리에 연루되어 수사를 받고 있습니다. 이 공무원은 요미시 외곽의 쓰레기 소각장에서 근무하며, 매번 값비싼 식사를 대접받고 소각해서는 안 되는 물건을 받아서 소각해 준 것으로 드러났습니다. 그는 한 끼에 5만 원이 넘는 뷔페, 초밥, 고기 등의 식사를 제공받고, 플라스틱이나 의류, 가구 등 소각 금지 품목들을 처리해 준 것으로 밝혀졌습니다.

요미시 김요미 행정부시장은 "요미시에서는 어떠한 부정부패도 용납하지 않는다"며 해당 공무원을 직무에서 배제하고, 관련 사항을 수사 기관에 넘겼습니다. 남기남 시장은 이에 대해 "별것 아닌 걸로 호들갑이다"라며 "그 정도는 눈감아 줘도 되지 않느냐"는 반응을 보였습니다.

신문 해설

자신의 권한을 남용해서 불법적으로 이익을 추구하는 행위를 부정부패라고 해요. 부정부패는 사회 질서를 어지럽히는 심각한 행위로, 이러한 일이 반복되면 공공기관에 대한 국민들의 신뢰가 무너지고 모두가 불신하는 사회가 될 수 있어요. 공무원이나 정치인 등 공적인 일을 맡은 사람은 개인적인 이익을 추구해서는 안 돼요.

예를 들어, 공무원이 직권을 이용해 다른 사람의 이익을 챙겨 주고 그 대가로 금품을 받는 경우를 뇌물이라고 하며, 자신이 관리하는 공적 재산을 가로채 개인의 재산처럼 쓰는 것은 횡령이라고 해요. 또 공무원이 공금을 사적으로 사용하는 공금 유용이나 특정인에게 부당하게 이익을 제공하는 특혜 제공도 모두 부정부패의 유형에 포함되지요. 이런 부정부패는 사회 전체의 신뢰와 정의를 해치는 행동이에요.

202×년 00월 00일

"부정부패는 아주 오래전부터 존재해왔어. 고려 시대에도 있었고, 조선 시대에도 있었지. 사라질 수 없는 거야. 그러니 경미한 잘못은 사정을 봐주어야 해!"

"사소한 부정부패라도 절대 용서하면 안 돼요. 작은 부정부패가 쌓이면 결국 큰 비용으로 이어지고, 신뢰가 무너져 국민들이 공공기관을 더 이상 믿지 않게 되니까요."

똑똑한 문제와 정리

● 아래의 문장을 읽고 빈칸을 채우세요.

권한을 남용해 불법적으로 이익을 추구하는 것을 말해요.

● 아래 중 부정부패 행위에 해당하는 것 세 가지를 고르세요.

① 뇌물을 받은 공무원
② 세금을 자신의 통장에 넣은 공무원
③ 조카에게 돈을 받고 시청에 취직시켜 준 공무원
④ 큰돈을 자선 단체에 기부한 공무원

교과서 상식 백과

조선 시대에는 부패한 관리를 탐관오리라고 불렀어요. 탐관오리들은 백성들에게 부과된 세금을 부정하게 착복하여 자신의 재산을 늘리거나 돈을 받은 자를 승진시켜 주기도 했어요. 또 재판 과정에서 뇌물을 받고 부당한 판결을 내리는 등, 백성을 착취하며 온갖 부당한 방법으로 이익을 챙겼지요. 이런 탐관오리의 행위는 백성들에게 큰 고통과 분노를 안겨 주었어요.

그래서 조선 시대에는 부정부패를 막기 위해 여러 노력을 기울였어요. 사헌부와 사간원 등에서 관리들을 감시하고, 부패한 관리에 대한 처벌도 엄격히 했어요. 또 백성들로부터 직접 고발을 받기도 했지요.

정치 08

지방 자치와 지방 불균형
참 시민상을 거절한 한소희 여사

　얼마 전 해외에서 계엄이 일어났을 때 한소희는 일약 영웅이 되었어. 그 나라의 만두 맛집을 찾아가는 길에 일어난 사건이었지만, 어쨌든 그날 한소희는 **항거**한 시민들의 중심인물이 되어 버린 거지.
　한소희와 남편 김영우, 그들의 딸 김서아는 세상 돌아가는 것에 관심이 없어서 그런 일이 벌어진 줄도 몰랐어. 귀국한 다음 날 한 통의 전화가 걸려 왔어.
　"한소희 씨? 저 시장입니다!"
　"네? 시장? 남대문 시장요?"
　"아니! 시장이라고요! 요미시의 시장요!"
　"시장? 저한테 뭐 파시려고요? 저, 맛난 거 아니면 안 사요!"
　"허허, 참! 저 시장, 남기남이라고요, 남기남! 거기 한소희 씨 맞아요?"
　한소희는 소파에서 자고 있던 김영우와 서아를 깨워서 하소연했어.

"장난 전환가? 서아야, 네가 대신 받아 봐!"

김서아가 전화를 바꿔 들었어.

"한소희 딸 김서아입니다. 누구시죠?"

요미시의 남기남 시장은 갑자기 어린아이가 전화를 받아들자, 당황했어. 어린아이에겐 친절하게 설명해야 할 것 같았어.

"안녕! 나, 요미시의 시장이야. **지방 자치**라고 아니?"

> **어휘 엿보기**
>
> • **항거**(抗拒)
> 누군가의 말이나 명령, 또는 규칙에 따르지 않고 맞서서 반항함
>
> • **지방 자치**(地方 自治)
> 지역 주민이 뽑은 대표가 주민 의견을 모아, 스스로 지역 문제를 해결하는 제도
>
> • **지방 분권**(地方 分權)
> 통치 권력이 중앙 정부에 집중되지 않고, 각 지방 정부에 분산되어 있는 것
>
> • **수여**(授與)
> 증서, 상장, 훈장 따위를 줌

"아뇨. 그게 뭐예요?"

"우리나라는 여러 지방으로 나뉘어 있잖아. 요미시뿐만 아니라 서울특별시, 부산광역시, 충청도 등등……."

"전 태어나서 요미시에서만 자라서 다른 도시는 잘 몰라요. 그래서요?"

"다른 도시도 알아야 해. 서울특별시와 그 주위 도시를 합쳐서 수도권이라고 하는데 수도권 집중이 심각해서 다른 지방도 발달해야 하거든."

"지방? 삼겹살 먹을 때 물컹물컹한 부분, 그거 맞죠?"

"아니! 그거랑 달라. 서울특별시를 제외한 다른 지역을 지방이라고 흔히 부르는데 지방에 권력을 나누는 **지방 분권**이 필요하고, 요미시는 지방 자치가 가장 잘되고 있는 도시이지. 난 요미시의 시장이란다."

"그래서요? 전 지방엔 관심 없어요. 살코기라면 좋고요."

남기남 시장은 말이 통하지 않자, 급하게 본론을 이야기했지.

"한소희 씨가 엄마니? 자랑스러운 엄마한테 상을 주려 한단다."

"우아, 먹는 거예요? 먹는 것 아니면 필요 없어요!"

"아니, 먹는 건 아니고, 상장을 드리려고!"

뚝! 김서아는 남기남 시장의 전화를 매몰차게 끊었고, 한소희 상장 **수여**는 이루어지지 않게 되어 버렸지. ★

요미월드 신문

차기 지방 선거의 승자는?

요미시의 남기남 시장이 차기 지방 선거를 앞두고 시민들에게 수여하는 '자랑스러운 시민상'을 남발해 빈축을 사고 있습니다. 남기남 시장은 요미즈 그룹의 멤버 채수빈에게는 '자랑스러운 목소리상'을 수여했고, 요미초등학교 오여름 양에게는 '자랑스러운 이름상'을 수여했습니다. 최근에는 급기야 요미시의 한소희 씨에게 '자랑스러운 맛탐험상'을 수여하려다가 무산된 일도 있습니다.

이에 차기 시장 선거에서 남기남 시장과 경쟁할 것으로 보이는 김요미 행정부시장은 "지방 자치 제도는 시민들에게 상을 남발하는 것으로 이루어지는 게 아니다"라며 "내가 시장이 되면 다리를 하나 더 짓고, 공원도 하나 더 만들어서 쾌적하고 살기 좋은 요미시로 만들어 갈 것"이라고 포부를 밝혔습니다.

 신문 해설

지방 자치 제도를 풀뿌리 민주주의라고 불러요. 전국 단위가 아니라 일정한 지역을 기반으로 하는 단체나 주민이 선출한 기관을 통해서 스스로 그 지방을 통치하는 정치 체제이기 때문이에요. 자신이 사는 지방의 대표를 직접 뽑고, 지역 문제를 해결해 달라고 요구할 수 있지요.

지방 자치는 '주민 자치'와 '단체 자치'의 두 가지 성격을 가지고 있어요. 주민 자치는 주민들이 자체적으로 조직한 기관에서 지역 사회의 사무를 처리하는 것이고, 단체 자치는 지방 자치 단체가 중앙 정부 권한에 귀속되지 않고 독립적으로 사무를 처리하는 것을 의미해요. 우리나라에서 지방 선거를 통해 지방 자치 단체장을 뽑는 것은 이러한 지방 자치 제도를 실시하기 때문이에요. 이 선거에서 뽑힌 시장이나 도지사 등은 임기 동안 자신이 속한 지역을 위해 일하게 되지요.

202×년 00월 00일

"지방 자치 제도를 하는 건 좋아! 하지만 굳이 주민의 생각을 듣고, 정책에 반영할 것까진 없어. 그냥 단체장인 내가 생각하는 대로 하면 되는 거야."

"지방 자치 단체장이라면 그 지방의 발전을 위해 주민들의 목소리에도 귀 기울이고 많은 노력을 기울여야죠. 그래야 지방 분권이 확실히 자리 잡을 수 있어요."

똑똑한 문제와 정리

● 맞으면 ○, 틀리면 × 하세요.

① 나라에 식물이 많은 것을 풀뿌리 민주주의라고 한다. ☐

② 지방 자치 제도는 '개인 자치'와 '주민 자치'의 성격을 갖는다. ☐

③ 수도권 집중을 막기 위해서는 지방에 소홀해도 된다. ☐

● 다음 빈칸을 채우세요.

수도권과 지방, 지방 중에서도 서로 간의 격차가 큰 것을 ☐☐ ☐☐☐ 이라고 한다.

교과서 상식 백과

지방 불균형이란 지방 간 격차가 커서 나라 전체의 균형 발전이 이루어지지 않는 현상을 말해요.
우리나라는 경제력 측면에서 수도권과 비수도권의 격차가 아주 큰 편이에요. 서울특별시와 인천광역시, 경기도 등을 포함하는 수도권에는 인구가 약 2,600만 명이 집중된 세계 4위 규모의 광역경제권이지요. 그에 비해 강원도, 전라남도와 전라북도, 충청남도와 충청북도 등 지방 자치 단체는 인구수도 적고, 산업 시설도 상대적으로 부족해 수도권에 비해 경제 발전이 더딘 편이에요. 지방 불균형이 심화되면 국가 전체의 균형 있는 발전을 이루기가 더욱 어려워지지요.

정치 09

정당의 목적과 역할
요미24 편의점의 치열한 권력 다툼

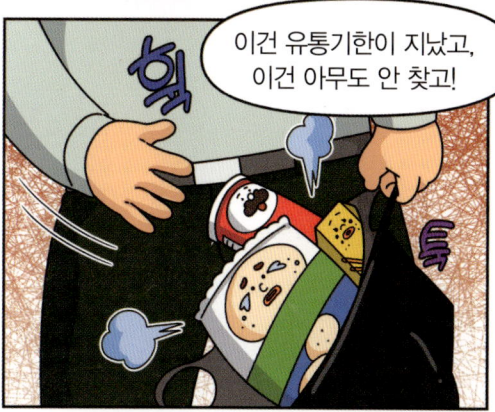

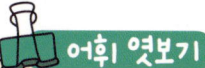 **어휘 엿보기**

- **여당**(與黨) 현재 정권을 잡고 있는 정당
- **야당**(野黨) 현재 정권을 잡고 있지 않은 정당
- **정책**(政策) 정치적 목적을 실현하기 위해 세운 계획이나 방침
- **정당**(政黨) 나라의 정치에 참여해 자신들이 바라거나 생각하는 정책과 목표를 실현하려 만든 정치 조직
- **정당 해산**(政黨 解散) 나라의 중요한 규칙을 심하게 어기는 정당을, 법원(헌법재판소)이 강제로 없애는 일
- **다수당**(多數黨) 국회에서 의석이 많은 정당
- **소수당**(少數黨) 국회에서 의석이 적은 정당

요미월드 신문

새로운 기치 내건 신당 출현

요미시에 '십식당'이란 새로운 정당이 등장해 시민들에게 표를 호소하고 있습니다. 십식당의 한소희 대표는 "우리 당은 하루에 10끼 먹는 것을 목표로 합니다. 건강한 시민이 건강한 나라를 만들 수 있으므로, 정권을 잡아 반드시 온 국민이 하루 10끼를 먹도록 하겠습니다"라고 밝혔습니다.

얼마 후 실시되는 지방 선거를 앞두고 십식당의 당원들은 최대한 많은 시민들과 접촉해 자신들의 정당 정책을 적극적으로 홍보하겠다는 의지를 보이고 있습니다. 하지만 이를 비판하는 시민들의 여론도 만만치 않습니다. 요미시 요로구에 거주하는 남기남 씨는 "정당이라면 시민들의 삶을 풍요롭게 만들기 위해 다양한 정책을 가져야 한다"며 "오로지 밥 먹는 일 외에는 관심이 없는 정당에는 표를 주지 않을 것"이라고 했습니다.

신문 해설

정당은 뜻을 함께하는 정치적 결사체로서 정치 권력을 얻는 것을 목표로 해요. 정권을 잡아야 자신들이 생각하는 가치를 실현할 수 있기 때문이지요. 그래서 모든 정당은 정강이나 강령을 만들어 국민에게 알려요. 정당이 제시하는 이념과 정책적 노선을 반영한 공약 중, 집권을 통해서 달성하고자 하는 정책의 큰 줄기를 정강이라고 하지요.

한 나라에 정당이 하나만 존재하거나, 실질적으로 하나의 정당만 계속 정권을 잡는 곳도 있어요. 이를 흔히 일당 독재 국가라고 해요. 반면 민주주의 국가는 보통 2개 이상의 정당이 존재해요. 여러 정당이 있지만, 거의 두 개의 정당이 중심이 되어 번갈아 정권을 잡으며 서로 정책을 겨루는 국가는 양당제 국가라고 하지요.

공화당과 민주당으로 대표되는 두 정당이 오랜 세월 서로 정권을 주고받고 있는 미국이 대표적인 양당제 국가예요.

202×년 00월 00일

"민주주의에서는 어떤 정당이든 출현할 수 있어요. 목표하는 바가 서로 다르잖아요? 우리는 음식을 좋아하고, 많이 먹어야 건강해진다고 생각하기 때문에 이런 정당을 창당한 거죠!"

"정당은 정권을 잡아 국민들을 위한 올바른 정치를 하기 위해 존재하는 거야. 그래서 여러 정당이 서로가 옳다고 주장하기도 하지. 밥 먹는 문제만을 위한 정당은 처음 들어 봐!"

똑똑한 문제와 정리

● 맞으면 ○, 틀리면 × 하세요.

① 정당의 목표는 스포츠 경기에 참가해 우승하는 것이다. ☐

② 정당의 정책은 당 대표를 위해 만든다. ☐

③ 미국은 대표적인 다당제 국가이다. ☐

● 다음 문장을 읽고 빈칸을 채우세요.

정당 중 정권을 차지한 정당을 ☐☐ 이라고 한다.

 교과서 상식 백과

정당이 없는 나라도 있어요. 투발루나 팔라우처럼 아주 작은 민주주의 국가는 정당이 없어요. 인구수가 워낙 적어 여러 개의 정당을 만들어 치열하게 경쟁하며 정권을 차지할 필요성을 느끼지 못하기 때문이라고 해요.

반면 아랍 에미리트와 오만, 카타르 같은 국가는 정당을 만드는 것을 불법으로 규정하고 있어요. 사우디아라비아도 마찬가지예요. 군주(왕)가 있는 전제 군주국의 특성 때문에 정당 자체를 허용하지 않고 있지요. 이처럼 세계 각 지역에는 규모와 전통이 다른 다양한 나라들이 존재하며, 정치 제도 또한 서로 다른 방식으로 운영되고 있답니다.

정치 10

여론 조사의 허와 실
100퍼센트를 만든 그들의 비밀

요미상사의 한소희 대리는 아침 일찍부터 바빴어. 지하철역에서 나와 출근하는 사람들에게 중요한 질문을 던지고 있었거든. 요미상사가 사업 분야를 또 하나 늘려서 **여론 조사** 회사를 시작했던 거야. 다행히도 결혼 정보 업체에서 요미상사에 여론 조사를 문의했고, 첫 번째 일거리를 받아서 요미상사의 직원들은 눈썹 휘날리게 일했지.

한소희 대리는 여론 조사 방식 중 **모집단**을 직접 만나서 조사하는 **대면 조사**를 하고 있었어. 어떤 사람들은 질문에 잘 응답해 줬고, 어떤 사람들은 휙 지나쳤어. 남기남 사장은 그런 모습을 몰래 숨어서 살펴보고 있었어.

'흠, 열심히 일하고 있군. 이번에는 우리 회사가 **재기**할 수 있겠어.'

남기남 사장은 회사로 돌아와서 김영우 과장을 관찰했어. 김영우 과장은 수도 없이 전화를 돌리고 있었어. 김영우 과장은 비대면 조사인 전화 면접 조사를 하고 있었던 거야.

"네네, 여기는 여론 조사 회사인 여론 조사 요미입니다. 제 질문을 듣고 번호를 선택해 주시면 됩니다."

남기남 사장은 흐뭇하게 웃었어. 전 직원이 이처럼 성실하게 일하는 것은 처음이라고 생각했어. 두 직원의 노력 끝에 드디어 여론 조사가 완료되었고, 그 조사 결과를 결혼 정보 업체에 전해 주었어. 그런데 결혼 정보 업체 김 실장이 결과를 살펴보더니 화를 버럭 내는 거야.

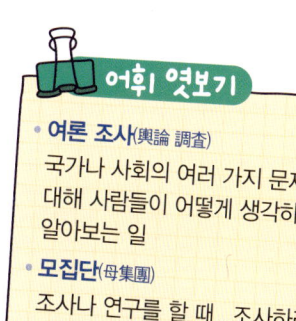

- **여론 조사**(輿論 調査)
  국가나 사회의 여러 가지 문제에 대해 사람들이 어떻게 생각하는지 알아보는 일
- **모집단**(母集團)
  조사나 연구를 할 때, 조사하려는 모든 대상을 합친 집단
- **대면 조사**(對面 調査)
  질문하는 사람과 답하는 사람이 직접 만나서 얼굴을 마주 보고 조사하는 것
- **재기**(再起)
  가진 힘이나 능력을 모아 다시 일어서는 것

"아니, 100퍼센트가 나오는 여론 조사가 어디 있어요! 순 엉터리잖아요!"

성실한 직원들을 믿고 업무에 전혀 개입하지 않았던 남기남 사장이 그제야 질문과 답변을 훑어보았어. 첫 질문부터 잘못 설계된 것을 알게 되었지. 남기남 사장이 질문을 설계한 한소희 대리를 불러 따져 물었어.

"이게 뭐야? 가장 결혼하고 싶은 상대는?"

"그 질문이 어때서요?"

"질문이 문제가 아니라 이 질문에 대한 보기의 내용이 엉터리잖아."

한소희 대리가 고개를 갸웃거렸어. 그리고 다섯 개의 답변 항목을 하나씩 읽었어.

"1번 말 한 번 할 때마다 거짓말하는 사람, 2번 일주일이 지나도록 안 씻는 사람, 3번 온종일 코딱지 파는 사람, 4번 침대에 붙어서 한 달 동안 꼼짝하지 않는 사람, 5번 멋지고 예의 바르고 친절한 사람."

남기남 사장이 혀를 내두르며 비명을 질렀지.

"으으으어어억! 정답이 하나밖에 나올 수 없도록 하면 어떻게 해!"

"그게 어때서요? 나도 5번! 5번! 5번이 제일 좋아!"

한소희 대리가 행복한 상상을 하는지 빙긋 웃었지. ★

요미월드 신문

예측 틀린 미국 대선 여론 조사

2024년 미국 대통령 선거의 여론 조사 결과를 두고 여론 조사의 의미에 대해 논란이 일고 있습니다. 미국의 선거 전문 사이트 리얼클리어폴리틱스가 대선 직전 실시한 전국 여론 조사 평균에 따르면 해리스 부통령이 도널드 트럼프 전 대통령을 49.2%-47.0%로 앞섰지만 실제 선거에서는 도널드 트럼프 후보가 승리했기 때문입니다.

요미시의 정책 담당실장이자 행정부시장인 김요미 씨는 "요미시의 각종 정책에 여론 조사를 활용해 시민들의 의견을 최대한 수렴할 것"이라고 밝혔지만, 남기남 시장은 미국 대선 여론 조사를 언급하며 "여론 조사는 조사가 부정확할 때 올바른 예측이 되지 않는다"고 지적했습니다. 이에 김요미 행정부시장은 "여론 조사는 민심의 흐름을 알려준다"며 맞서고 있습니다.

신문 해설

여론 조사는 여러 이유로 실시해요. 사회 구성원들이 각종 사회 문제나 정책에 대해 가진 견해와 태도를 파악하려는 목적으로 하는 사회 조사를 여론 조사라고 하지요. 사회에서 쟁점이 되고 있는 사안들이 여론 조사 항목이 될 수 있어요. 예를 들어 '학교 폭력에 대한 징벌이 과하다고 생각하는가?' 같은 질문에도 의견이 다양할 수 있어요. 이런 여론 조사를 통해 정책을 만드는 이들이 징벌 수준을 조정하기도 해요.

대통령 선거 등 각종 선거에서도 후보 지지도를 묻는 여론 조사가 자주 이루어져요. 여론 조사 방식은 직접 얼굴을 맞대고 질문을 하는 대면 조사와 서면이나 전화 등을 통한 비대면 조사로 나뉘어요. 하지만 유권자 선별 방식이나 조사 시간대에 따라 결과가 달라질 수 있어 공정한 조사를 위해서는 고려해야 할 것이 많지요.

202×년 00월 00일

"여론 조사를 굳이 할 필요 있어? 여론 조사는 조사하는 사람의 목적에 따라 결과가 달라질 수도 있고, 질문을 어떻게 하느냐에 따라 전혀 다른 결과가 나오기도 하더라고!"

"여론 조사 결과가 실제와 다를 때도 있지만, 필요 없는 것은 아니지요. 여론 조사를 통해 전체 시민이나 유권자의 심리를 파악할 수 있거든요."

똑똑한 문제와 정리

● 맞으면 ○, 틀리면 ✕ 하세요.

① 여론 조사는 언제나 정확하다. ☐

② 여론 조사는 선거 때만 한다. ☐

③ 전화 여론 조사는 비대면 조사에 해당한다. ☐

● 다음 빈칸을 채우세요.

선거와 관련한 여론 조사를 관리, 감독하는 기관은 ☐☐☐ ☐☐☐ ☐☐☐ 이다.

교과서 상식 백과

선거를 앞두고 여론 조사 회사가 여론 조사를 실시할 때는 중앙 선거 관리 위원회에 심의를 받아야 해요. 질문 항목과 답변 항목을 사전에 제출해서 조사의 신뢰도가 충분한지 판단받아야 하지요. 중앙 선거 관리 위원회는 여론 조사를 실시한 후 결과를 공표할 때 12가지 사항을 함께 공표하도록 하고 있어요.

조사 의뢰자, 선거 여론 조사 기관, 조사 지역, 조사 일시, 조사 대상, 조사 방법, 표본의 크기, 피조사자 선정 방법, 응답률, 표본 오차, 질문 내용, 권고 무선 응답 비율(무선 전화 응답비율이 100분의 70에 미달한 때) 등이 포함돼요.

정치 11

진보와 보수
요미즈의 신곡 <비빔밥, 아파?>

어휘 엿보기

- **좌파**(左派) 한 단체나 정당의 구성원 중에서, 변화와 개혁을 적극적으로 주장하거나 급진적인 변화를 추구하는 세력
- **우파**(右派) 한 조직이나 정당에서, 변화를 꺼리고 기존 사회 질서와 전통을 지키려는 세력
- **진보**(進步) 전통이나 기존의 것을 유지하려 하기보다는 사회의 변화나 발전을 추구함
- **보수**(保守) 새로운 것이나 변화를 적극적으로 받아들이기보다는 전통적인 것을 옹호하며 유지하려 함

요미월드 신문

남 시장, 정책 중단 발표

요미시 시민들을 대상으로 정치 성향을 분석하는 여론 조사가 실시되었습니다. 이번 조사는 만 18세 이상부터 80세까지 요미시에 거주하는 총 500명을 대상으로 했으며, 조사 기간은 그저께부터 오늘까지 3일 동안 이루어졌습니다. 여론 조사 결과, 전체 500명 중 자신을 진보라고 생각하는 시민이 250명, 보수라고 밝힌 시민도 250명으로 나와 요미시의 정치 성향이 진보와 보수, 두 갈래로 정확하게 나뉘어 있는 것으로 나타났습니다.

남기남 시장은 이 여론 조사를 바탕으로 자신의 정책을 펼쳐갈 것이라고 발표했습니다. 남기남 시장은 "어떤 정책을 펼쳐도 시민의 절반에게 욕을 먹을 것 같으므로 더 이상의 새로운 정책은 펼치지 않을 것"이라는 어처구니없는 생각을 밝혔습니다.

신문 해설

진보와 보수는 경제, 문화, 사회적 관점의 차이로 나뉘는 대표적인 정치적 이념이에요. 진보는 사회 변화와 개방을 긍정적으로 받아들이며, 더 나은 방향으로 변화하려는 성향이 강해요. 반면, 보수는 개인의 자유와 책임을 중시하고, 전통과 사회 질서 유지에 가치를 두지요.

이 둘 중 어느 한쪽이 옳거나 그른 것은 아니에요. 누구나 자신의 가치관에 따라 한쪽을 선택하거나 지지할 수 있지요.

경제 정책 면에서 진보는 정부의 적극적인 개입과 복지의 확대, 재분배를 추구하지만, 보수는 자유시장 경제와 작은 정부를 선호해서 기업에 규제를 적게 해야 한다고 주장하지요. 사회적 관점으로 보면 진보는 사회적 약자를 보호하고, 환경 문제 해결에 적극적인 경우가 많아요.

우리나라에서는 보통 진보를 좌파, 보수를 우파라고 부르고, 정치적 성향에 따라 진보 정당이나 보수 정당을 지지하곤 하지요.

202×년 00월 00일

"난 세상을 급격하게 바꾸면 안 된다고 생각해! 지금 잘 유지되고 있는 질서를 왜 깨뜨리려는 거야? 지금 것을 잘 지키는 보수가 좋아!"

"변화가 없으면 발전이 없지요. 새로운 것을 받아들이면 더 나은 사회가 될 수 있어요. 진보적인 시각을 가지고 세상을 바라보아야죠!."

똑똑한 문제와 정리

● 다음 빈칸에 알맞은 말을 쓰세요.

진보와 보수 중 사회 개방과 변화에 긍정적인 것을 뜻한다.

☐☐

● 아래의 설명 중 옳은 것 <u>두</u> 가지를 고르세요.

① 프랑스 혁명 당시의 인물 로베스피에르는 보수적인 인물이었어요.
② 전통적인 가치를 지키려는 것을 보수라고 해요.
③ 진보적인 쪽을 좌파, 보수적인 쪽을 우파라고 해요.
④ 보수는 옳고, 진보는 잘못된 가치관이에요.

교과서 상식 백과

좌파와 우파라는 용어는 프랑스 혁명(1789~1799) 당시 국민 공회에서 의원들이 정치 성향을 기준으로 의장석 왼쪽(좌파)과 오른쪽(우파)에 앉은 데서 유래했어요. 그 당시 왼쪽에는 급진 공화파인 자코뱅당이, 오른쪽에는 온건 공화파인 지롱드당이 자리했지요. 그 이후, 진보적인 정치 성향은 좌파, 보수적인 정치 성향은 우파라는 말로 불리게 되었어요.
이 당시 급진 공화파를 대표하는 로베스피에르는 사회적 변화와 평등을 추구했고, 초기에는 사유 재산 도입과 경제적 평등을 강조하기도 했어요. 이런 구분은 오늘날까지도 정치적 이념을 설명하는 데 활용되고 있지요.

PART4 세계

\# 기후 변화 \# 국제기구 \# 위안부 문제
\# 노벨상 \# 아프리카 국경선 \# 한류 \# 중동 전쟁
\# 무역 전쟁 \# 독도와 영토 주권

01 북극곰과 맞선 요미상사 직원

02 미얀마에서 만난 천사들

03 평화의 소녀상을 훔친 범인은?

04 나다까 씨의 원대한 꿈

05 직선으로 달려가라!

06 케이팝 고스트 헌터스와 악령 아이돌

예루살렘으로 간 수상한 한국인 **07**

08 삼겹살 식당 회식에서 세운 신기록

개념 아이돌의 무한 독도 사랑 **09**

세계 01

기후 변화와 위기
북극곰과 맞선 요미상사 직원

　여러 미래지향적인 사업 프로젝트가 다 실패로 돌아가자, 요미상사의 남기남 사장과 직원들은 대책을 마련하기 시작했어.
　"제품을 새롭게 개발하는 건 역부족인 것 같아. 그 대신 이제 해외로 나가서 좋은 제품을 팔자고! 무역 회사, 알지?"
　김영우 과장이 소매를 걷어붙이며 찬성했어.
　"무엇이든 해야죠. 저는 어디 가서 무얼 팔면 좋을까요?"
　남기남 사장이 항공권 한 장을 주었어. 커다란 가방에 여러 물건들을 쑤셔 넣더니 그 가방도 건네주었지.
　"건투를 비네!"
　"저도요! 저도 보내 줘요!"
　남기남 사장이 한소희 대리에게도 항공권 한 장과 아이스박스 하나를 건넸어.

"우리 회사의 인재! 한소희 대리는 북극으로 출발!"

한소희 대리는 아이스박스를 들고 북극권의 나라로 떠났어.

"흠, 사장님이 이걸 북극 사람들에게 팔라고 했지?"

한소희 대리는 우선 배를 타고 북극 빙하를 구경하기로 했어. 배가 커다란 빙하로 다가가자, 저 멀리서 다른 배 하나가 다가왔어. 그 배에는 **그린피스**라는 깃발이 매달려 있었어. 배에 탄 사람이 소리쳤어.

> **어휘 엿보기**
> - **그린피스**(Green Peace)
>   핵무기 반대와 환경 보호를 목표로 국제적 활동을 벌이고 있는 단체
> - **기후 변화**(氣候 變化)
>   일정 지역에서 오랜 기간에 걸쳐서 진행되는 기상의 변화
> - **해수면 상승**(海水面 上昇)
>   지구 온난화 등으로 인해 바닷물의 수위가 높아지는 현상
> - **온실가스**(溫室gas)
>   이산화 탄소, 메탄 등과 같이 지구 대기를 오염시켜 온실 효과를 일으키는 다양한 가스를 통틀어 이르는 말

"빙하 구경은 그만해요! **기후 변화** 때문에 빙하가 녹아서 **해수면 상승**이 일어나고 있다고요. 이런 위기에 한가롭게 빙하 구경을 하고 싶어요?"

한소희 대리가 고개를 갸웃거리며 물어보았어.

"빙하가 녹는다고요? 왜요?"

"**온실가스**를 너무 많이 배출해서죠. 제발 환경을 생각해요!"

한소희 대리는 무슨 말인지 도통 이해되지 않았어. 빙하 투어의 절정은 빙하에 내려서 걸어보는 것이었고, 한소희 대리도 빙하에 내렸어. 짐을 챙기느라 꾸물대는 바람에 혼자 걷게 되었지. 그때 갑자기 북극곰 한 마리가 달려들었어. 깜짝 놀란 한소희 대리가 아이스박스를 꼭 움켜쥐었어.

"이건 안 돼! 이건 요미상사의 중요한 제품이야. 이걸 팔아야 회사가 다시 일어설 수 있다고!"

하지만 북극곰의 힘을 당할 수 없었어. 목숨을 잃지 않은 것이 다행이었지. 북극곰은 아이스박스의 덮개를 뜯어서 안에 있는 것을 마셨어. 시커먼 색의 탄산음료였지. 북극곰이 요미상사가 팔고 있던 탄산음료의 첫 손님이 된 순간이었어! ★

요미월드 신문

코앞으로 다가온 기후 위기

최근 스위스 빙하가 녹고 있는 속도가 점점 빨라지고 있다는 소식입니다. 빙하는 수백에서 수천 년 동안 쌓인 눈이 얼음덩어리로 변한 것을 뜻합니다. 그런데 지난 85년 동안 스위스 빙하의 절반가량이 녹아서 사라졌다고 합니다. 서울 여의도 크기의 약 30배에 해당하는 빙하가 사라진 것입니다. 빙하는 기후 변화를 보여 주는 중요한 지표이기 때문에 전문가들은 현재 상황을 매우 심각하게 보고 있습니다.

요미상사 김영우 연구원은 "온실가스로 인한 기온 상승이 뚜렷해 빙하가 빠르게 녹고 있다"라며 "환경에 미칠 악영향을 줄이기 위한 대책이 시급하다"고 했습니다. 그러나 한소희 연구원은 "특별한 대책을 세운다고 해도 효과가 크지 않을 것"이라며 회의적인 입장을 보였습니다.

신문 해설

기후 변화는 30년 이상 지속되는 평균 날씨 패턴의 변화를 뜻해요. 화산 폭발이나 태양 에너지 변화 같은 자연적인 요인뿐만 아니라, 산림 파괴와 온실가스 배출과 같은 인간 활동도 주요 원인으로 꼽히지요.

과학자들은 최근 기후 변화를 관찰하며, 극단적 날씨와 함께 지구 온난화가 뚜렷하게 진행되고 있다는 데 의견을 모으고 있어요. '기후 위기'는 기후 변화가 단순히 날씨 문제가 아니라 물·식량 부족, 해수면 상승, 생태계 붕괴 등 인류 문명에 회복 불가능한 위협을 초래하는 상황을 말해요. 따라서 온실가스를 획기적으로 줄이는 노력이 필요하지요. 세계 여러 나라는 기후 위기에 대응하기 위해 탄소 배출량을 줄이는 협약을 맺고, 기업이 제품을 만들 때 사용하는 전력을 석탄 에너지에서 재생 에너지로 100% 전환하겠다는 'RE100'을 실천하려 하고 있어요.

202×년 00월 00일

"기후 위기에 대처하기 위해서는 탄소 배출량을 줄여야 해요. 그래서 올 여름부터는 우리 집도 에어컨을 사용하지 않고, 자연 바람으로 더위를 이겨내는 게 좋겠어요."

"정말 끔찍한 생각이야! 여름에 에어컨 없이 어떻게 견뎌요? 에어컨을 조금 튼다고 기후 위기를 불러온다는 것은 너무 과장된 것 같아요. 불쾌지수가 올라가 짜증 날 바엔 에어컨을 켜는 게 훨씬 이롭죠."

똑똑한 문제와 정리

● 맞으면 ○, 틀리면 ✕ 하세요.

① 빙하가 녹는 것과 기후 변화는 상관이 없다. ☐

② 태양광 에너지, 수력, 풍력 에너지 등을 재생 에너지라고 부른다. ☐

③ 재생 에너지는 금세 고갈되므로 아껴 써야 한다. ☐

● 다음 문장을 읽고 빈칸을 채우세요.

30년 이상 오랜 기간에 나타나는 평균 날씨 패턴 변화를 ☐☐☐☐ 라고 한다.

교과서 상식 백과

재생 에너지는 자연적으로 재생되는 자원에서 얻는 에너지로, 태양광, 풍력, 수력, 지열, 바이오매스 등이 포함되어요. 화석 연료와 달리 고갈되지 않으며, 탄소 배출이 적어 기후 변화에 대응하기 좋다는 장점이 있지요.

태양광, 풍력, 수력 등이 대표적인 재생 에너지로, 이 에너지 자원들은 대부분 대기 오염 물질을 거의 배출하지 않고, 저렴한 전력 공급이 가능해요. 무엇보다 이 자원들은 반복적으로 사용할 수 있어 지속 가능하며, 이산화 탄소 배출이 거의 없다는 점에서 친환경 에너지로 꼽혀요.

세계 02

국제기구 종류와 기능
미얀마에서 만난 천사들

 한소희 대리가 북극으로 먼저 떠난 후, 김영우 과장도 출발했어. 김영우 과장은 한 번에 가는 직항 항공권이 없어서 먼저 미얀마에 들러야 했어. 미얀마의 양곤 국제공항에는 사람들이 많이 없었어. 다시 비행기를 타야 할 시각까지 10시간 남짓 남아서 김영우 과장은 가까운 곳을 관광하기로 했지.
 김영우 과장은 양곤에 있는 유명한 불교 사원인 쉐다곤 파고다로 갔어.
 "우아, 웅장하군. 웅장해!"
 주위를 두리번거리며 둘러보던 김영우 과장은 사람들이 절하는 모습을 보고는 따라서 엎드려 절을 해 보았어.
 "남의 나라에 왔으니 그 나라의 풍습을 존중해야지."
 그런데 그때 갑자기 어디선가 총소리가 나더니 엎드린 머리 위로 총알이 휙 날아가는 느낌이 들었어. 사람들이 깜짝 놀라서 비명을 내지르며 우르르 달아나기 시작했어. 김영우 과장도 덩달아 일어나서 도망갔어.
 "으악! 이게 무슨 일이야? 여기서 죽을 순 없어! 저 안으로 대피해야겠다."
 김영우 과장은 사원의 건물 안쪽으로 몸을 숨겼어. 거대한 사원 안은 공간이 아주 많았고, 그중에 한곳으로 피신했지. 그 안에는 이미 여러 사람이 모여 있었어. 한

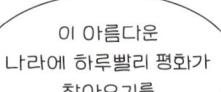
이 아름다운 나라에 하루빨리 평화가 찾아오기를.

사람은 다리에 총알이 스쳐 신음을 내고 있었고, 몇 사람이 그 사람을 치료하고 있었어. 김영우 과장이 그 사람들에게 물었어.

"이게 무슨 일이죠?"

"미얀마는 아직 **내전** 상태입니다. 그걸 몰랐나요?"

부상자를 치료하던 한 사람이 의아하다는 듯 말했어.

"흠흠, 들어 본 것 같긴 해요. 그런데 의사 선생님이세요?"

김영우 과장의 말에 흰 가운을 입은 사람이 고개를 끄덕였어.

"우리는 여러 **국제기구** 중 **국경 없는 의사회** 소속이죠."

"국제기구가 뭐죠?"

그 사람은 김영우 과장이 한심하다는 듯이 설명해 주었어. 주요 7개 국가의 **정상 회담** 기구인 G7, **선진국**들과 신흥국들로 구성된 G20 등의 경제 기구를 포함해 세계엔 문화, 군사, 스포츠와 관련한 각종 국제기구가 있다고 했지.

"당신들은 참 좋은 일을 하는 분들이군요."

김영우 과장은 총소리가 잦아들자, 다시 양곤 국제공항으로 향했어. 미얀마는 내전 상태라고 했지만, 사람들은 금세 아무 일도 없었다는 듯 평소처럼 행동하고 있었어. 김영우 과장이 비행기에 올라 눈을 감았어.

'큰일 날 뻔했어. 지금 가는 나라에선 별일 없겠지?'

김영우 과장은 자신에게 무슨 일이 펼쳐질지 짐작도 할 수 없었지. ★

어휘 엿보기

- **내전**(內戰)
  한 나라 안에서 일어나는 싸움
- **국제기구**(國際機構)
  여러 나라가 함께 국제적인 문제를 해결하거나 공동의 목표를 이루기 위해 만든 조직
- **국경**(國境) **없는 의사회**(醫師會)
  의료 지원의 부족, 무력 분쟁, 전염병, 자연재해 등으로 도움이 필요한 사람들에게 나라와 상관없이 의료 지원을 해 주는 국제단체
- **정상 회담**(頂上 會談)
  두 나라 이상의 우두머리가 모여 중요한 이야기를 나누는 모임
- **선진국**(先進國)
  다른 나라보다 정치·경제·문화 따위의 발달이 앞선 나라

요미월드 신문

국제형사재판소에 끌려간 한국인

요미시에 거주하는 김영우 씨가 내전 중인 미얀마에 갔다가 전쟁 범죄자로 몰려 국제형사재판소의 재판을 받고 있다는 소식이 전해졌습니다. 김영우 씨는 미얀마의 한 사원에서 나오던 중 벽에 세워 놓은 총이 신기해 잠시 들어 보다가, 그 순간 들이닥친 정부군에 체포된 것으로 알려졌습니다. 정부군은 김 씨가 반군 소속으로 활동하며 사상자를 낸 것으로 보고 그를 국제형사재판소에 넘겼다고 합니다.

현재 구금 중인 김영우 씨는 "국제형사재판소에서 공정한 재판이 이뤄진다면 억울한 사정을 이해하고 풀어 줄 것"이라고 했습니다. 한편 그 소식을 전해 들은 그의 동료 한소희 씨는 "나쁜 짓을 한 사람은 벌을 받아야 한다"며 "다만 국제형사재판소가 아닌 우리나라 법정에서 재판을 받아야 한다"고 주장했습니다.

신문 해설

국제기구란 어떤 국제적인 목적이나 활동을 위해 두 나라 이상이 회원국으로 참여해 구성한 조직체를 말해요. 국제기구는 국가의 정부가 참여하는 국제기구와 비정부 국제기구로 나눌 수 있어요. 정부 간 국제기구 중 가장 큰 규모는 국제연합(UN)으로, 193개국이 가입해 세계 평화를 위해 활동하며 여러 산하기구도 갖추고 있어요.

제8대 사무총장으로 우리나라의 반기문 전 사무총장이 역임하기도 했지요. 비정부 국제기구 중에는 '국경 없는 기자회'와 '국경 없는 의사회'가 활발히 활동하고 있어요.

이들은 전쟁터 같은 위험 지역에서 현장을 전하고, 부상자를 치료하기도 해요. 국제올림픽위원회(IOC)는 4년마다 열리는 올림픽의 개최지를 선정하고 대회를 주관하지요.

우리나라의 위상이 높아지면서 G7 등의 국제기구 회의에 초대받는 등 국제기구에서의 역할도 점점 커지고 있답니다.

202×년 00월 00일

"나는 국제기구를 신뢰해요. 내가 전쟁 범죄자가 아니란 것을 공정한 재판을 통해 밝혀 줄 거예요. 국제기구는 인류의 평화를 위해 일하는 곳이니까요."

똑똑한 맞대결

"국제기구를 맹신하면 안 돼요! 국제기구도 결국 회원국들의 이익에 따라 움직이는 조직이잖아요. 국제기구마다 특성이 다르니, 잘 살펴보고 이해하는 게 중요해요."

 똑똑한 문제와 정리

● 다음 빈칸을 채우세요.

국제기구 중 전 세계 193개국이 가입되어 있는 가장 규모가 큰 국제기구이다.

● 아래 국제기구에 대한 설명 중 <u>틀린 것</u> 두 가지를 고르세요.

① 올림픽과 관련한 국제기구는 IOC이다.
② 국경 없는 의사회는 국제기구가 아니다.
③ 우리나라는 나토 가입국으로 반기문 사무총장이 일했다.
④ 국경 없는 기자회는 비정부 국제기구이다.

교과서 상식 백과

국제기구 중 군사 기구인 북대서양 조약 기구(NATO)는 북미와 서유럽의 여러 국가가 참여하는 군사 동맹이에요. 이렇게 군사 기구에 속한 나라끼리는 서로 군사적 동맹을 맺고, 필요할 때 서로 돕는 관계를 형성하지요.
2022년 러시아가 우크라이나를 침공하면서 시작된 두 나라 간의 전쟁도 나토와 관련이 있어요. 우크라이나가 나토에 가입하려는 것을 막기 위해 러시아가 침공한 것이지요. 러시아는 나토 회원국이 아니기 때문에 나토와 대립하는 관계에 있으며, 그래서 인접국인 우크라이나의 나토 가입을 적극적으로 막고 있는 거랍니다.

세계 03

위안부와 평화의 소녀상
평화의 소녀상을 훔친 범인은?

이름 나다까

일본인 이름 같고, 잘생겼지만, 일본풍의 외모와 발음이 좋지 않아 일본 사람으로 오해받는 인물. 알고 보면 나 씨이며 이름이 다개(多價)인 애국심이 높은 인물

 어휘 엿보기

- **평화**(平和)**의 소녀상**(少女像) 일본군 위안부의 사실을 많은 사람들에게 알려서, 이 문제가 제대로 해결되도록 하자는 뜻으로 세운 동상
- **일제 강점기**(日帝 强占期) 1910년에 일본에 의해 우리나라가 국권을 빼앗긴 이후 1945년 광복되기까지 35년간의 시대
- **위안부**(慰安婦) 일제에 강제 징용되어 일본군의 성욕 해결의 대상이 된 한국, 대만 및 일본 여성을 이르는 말
- **몰지각**(沒知覺) 남을 생각하거나 배려하는 마음이 전혀 없는 것
- **제2차 세계 대전**(第二次 世界 大戰) 1939년부터 1945년까지 있었던, 전 세계 대부분 나라들이 크게 두 편으로 나뉘어 싸운 전쟁

요미월드 신문

평화의 소녀상, 누가 훼손했나?

 독일 베를린에 있는 평화의 소녀상이 훼손되었다는 소식입니다. 최근 베를린 미테구에 있는 평화의 소녀상에 누군가가 마스크와 비닐을 씌우고, 낙서까지 하는 훼손 행위가 발생했습니다. 독일 당국은 아직 범인의 신원을 파악하지 못한 상태며, 일제 만행을 고발하는 평화의 소녀상을 겨냥한 점에서 일제를 추종하는 세력의 소행일 가능성에 무게를 두고 있습니다.
 이 소식을 접한 개념 아이돌 그룹 요미즈의 반민초는 "평화의 소녀상은 일제에 의해 피해를 입은 분들을 위로하기 위해 세운 것이므로, 요미시에도 새롭게 설치해야 한다"고 말했습니다. 요미초등학교에 재학 중인 김서아 양은 "언제까지 과거만 바라볼 수 없다"며 "미래로 나아가기 위해 지난 역사를 용서하자"고 했습니다.

 신문 해설

 일본 제국주의를 줄여 '일제'라고 해요. 일제는 1910년 대한제국을 강제로 병합해 1945년 패망할 때까지 우리나라를 식민 통치했어요. 우리나라뿐만 아니라 아시아 여러 나라에서도 전쟁을 일으켜 큰 피해와 만행을 저질렀어요. 일제가 벌인 대표적인 만행에는 강제 징용과 일본군 '위안부' 문제가 있어요.
 2차 세계 대전 막바지에 일제는 전쟁 수행을 위해 한국인 등 많은 사람들을 강제로 일본 전역과 식민지로 끌고 가 하루 12시간이 넘는 혹독한 노동을 강요했어요. 또 한국과 아시아 여러 나라의 여성들을 일본군의 성 노예로 데려가 인간 이하의 대우를 했다는 사실도 밝혀졌지요. 위안부 피해자를 기리고, 올바른 역사 인식을 확립하기 위해 세운 것이 평화의 소녀상이에요. 이러한 문제들은 아직도 한국과 일본 간에 풀어야 할 역사 과제로 남아 있답니다.

202×년 00월 00일

"일제가 저지른 만행이 모두 잘못된 일이라는 건 나도 알아. 하지만 새로운 미래로 나아가기 위해서는 이제는 역사 논쟁을 멈추고, 서로 손잡고 함께 나아가야 하지 않을까?"

똑똑한 맞대결

"밝은 미래는 잘못된 역사를 제대로 반성하는 데서 시작된다고 생각해. 확실한 사과와 배상 없이 두루뭉술 넘어가려는 일본의 태도는 결코 용서할 수 없어."

 똑똑한 문제와 정리

● 다음 빈칸을 채우세요.

위안부 피해자를 기리고 올바른 역사 인식을 세우기 위해 세운 동상이에요.

● 아래 설명 중 일제가 벌인 만행 두 가지를 고르세요.

① 한국인을 강제 징용해 탄광에서 혹사시켰다.
② 평화의 소녀상을 건립하였다.
③ 하루 8시간 기본 근로 시간을 지켰다.
④ 아시아 여성을 끌고 가, 일본군의 성 노예로 삼았다.

 교과서 상식 백과

일본의 하시마 섬은 군함도라 불려요. 이곳에는 일제 강점기 당시 우리 국민이 강제로 동원돼 일한 탄광이 있어요. 1940년대 일본은 석탄 채굴에 필요한 노동력이 부족하자 조선인 수만 명을 하시마섬과 다카시마 탄광에 강제 징용했어요.

이들은 비위생적인 숙소에서 장시간 고된 노동을 해야 했고, 먹을 것이 부족해 늘 배고픔에 시달렸어요. 열악한 환경으로 각종 질병에 걸리거나, 채굴 현장에서 사고로 다치기도 했지요. 많은 사람들이 목숨을 잃었고, 결국 고향으로 돌아오지 못한 이들도 많았어요. 군함도는 일제의 인권 침해와 우리 민족의 고통을 상징하는 대표적인 장소예요.

세계 04

노벨상과 수상자들
나다까 씨의 원대한 꿈

　평화의 소녀상을 떼어 간 나다까 씨는 어릴 적부터 꿈이 아주 컸어. 위인들의 삶을 존경하며 그들을 본받으려 노력했지. 세계엔 나라를 구한 영웅들, 무고한 이들을 죽인 독재자 같은 악인들, 자신의 분야에서 큰 업적을 이룬 예술가, 과학자 등 알아야 할 인물들이 넘쳐났어.

　그런 인물들 중 가장 처음으로 관심이 갔던 이는 마리 퀴리였지. 도서관에서 책으로 만난 마리 퀴리는 대단한 과학자로 보였어.

　'흠, 방사능 연구자의 선구자로 불리므니까?'

　마리 퀴리가 노벨 물리학상과 노벨 화학상을 탄 것도 알게 되었지.

　'노벨상? 그게 무어지?'

　노벨은 다이너마이트를 발명한 사람으로 큰 재산을 번 뒤 남다른 업적을 달성한 이들에게 노벨상과 상금을 수여하라는 유언을 남겼다는 것을 알게 되었지.

'고로코무니군. 그렇다면 나도 노벨상을 타겠스므니다!'

그때부터 나다까 씨는 삶의 목표를 노벨상으로 정했어. 그러던 어느 날 우리나라의 **김대중** 대통령이 **남북 화해**와 한반도 평화에 이바지한 공로로 노벨 평화상을 수상한 것을 알게 되었어. 어린 나다까는 김대중 대통령이 퇴임한 후 찾아가서 만나기도 했었지. 나다까는 평소에 하고 싶었던 질문을 던졌어.

어휘 엿보기

- **김대중**(1924년~2009년)
대한민국 제15대 대통령. 분단 이후 최초로 남북 정상 회담을 열고 '6.15 남북 공동 선언'을 이끌어내어 노벨 평화상을 수상함
- **남북 화해**(南北 和解)
남한과 북한이 과거의 갈등이나 대립을 풀고, 서로 인정하며 협력하고 신뢰를 쌓는 것
- **한강**(1970년~)
대한민국 소설가이자 대한민국 최초, 아시아 여성 최초의 노벨 문학상 수상자

"대통령 할아버지요! 노벨상을 받으려면 어떻게 해야 하므니까?"

"고것은……, 나라와 국민, 세계 평화를 위해 평생을 바쳐야 한당께!"

나다까 씨는 자라는 동안 그 말을 늘 가슴 깊이 새기고 있었어. 그러다가 최근에 우리나라의 **한강** 작가가 소설 《소년이 온다》로 노벨 문학상을 탔다는 소식을 들었지. 한국 현대사의 상처와 트라우마를 섬세하면서도 강렬한 서정적 산문으로 표현해냈다는 평가가 이어졌어. 얼마 후, 나다까 씨는 한강 작가를 만나러 가서 물었어.

"제가 소설을 쓰면 노벨 문학상을 탈 수 있으므니까?"

한강 작가가 연필과 종이를 주며 글을 써 보라고 했어. 나다까 씨가 두 문장을 썼어.

나는 일본 사람이 아니무니다. 대한민국을 사랑하는 한국 사람이므니다.

그 글을 보고 한강 작가가 고개를 절레절레 흔들었어.

"가장 어두운 밤에도 언어는 우리를 서로 연결한답니다. 그런데 나다까 씨는 맞춤법부터 다시 배워야겠군요."

나다까 씨는 실망하지 않았어. 노벨 문학상은 포기했지만, 노벨 평화상에 계속 도전하기로 했지. 그래서 전 세계에 오래전 일제의 만행을 알리기로 마음먹었어. 평화의 소녀상을 떼어 먼 길을 떠난 이유였지. ★

요미월드 신문

요미시에 부는 노벨상 열풍

최근 한강 작가의 노벨상 수상 소식이 전해지자, 요미시의 어린이들도 노벨상을 꿈꾸기 시작했다고 합니다. 오여름 양은 평소 과학에 관심이 많아서 화학을 더 깊이 있게 공부해 노벨 화학상에 도전해 보려 한다고 밝혔습니다. 이연우 군은 책 읽기를 좋아하고 글 쓰는 일이 즐거워서 노벨 문학상에 도전할 생각이라고 밝혔습니다.

두 어린이는 자신들의 꿈을 실현해 가기 위해 평소에 거의 가지 않던 도서관에 자주 들르고 있고, 지금까지는 게으름 피우지 않고 노력하고 있다고 합니다. 이를 본 그들의 친구 김서아 양은 "노벨상 중에 가장 훌륭한 상은 노벨 평화상"이라며 "기아를 겪고 있는 아프리카의 어린이를 도와서 상을 받겠다"는 포부를 밝히기도 했으나, 구체적인 계획은 세우지 않고 있다고 합니다.

신문 해설

노벨상을 만든 알프레드 노벨은 화학자이자 발명가였어요. 노벨은 다이너마이트 외에도 수많은 발명품을 만들어 막대한 재산을 가진 부자가 되었지요. 노벨은 세상을 떠나기 1년 전쯤 유언장을 작성했는데, 이렇게 쓰여 있었다고 해요. 자신이 남긴 재산을 물리학, 화학, 생리학 또는 의학, 문학, 평화 분야에서 인류에 가장 큰 공헌을 한 사람들에게 상을 주는 데 사용하라는 것이었지요.

우리나라에서는 2000년에 김대중 전 대통령이 노벨 평화상을 수상했고, 2024년에 작가 한강이 노벨 문학상을 수상했어요.

노벨 문학상 수장작인 《소년이 온다》는 한국 현대사의 비극인 5·18 광주 민주화 항쟁을 다루고 있어요. 이 작품은 역사적 트라우마에 맞서 살아가는 인간의 연약한 삶을 섬세하면서도 강렬하게 보여준 산문으로 평가받았지요.

202×년 00월 00일

"노벨상 중의 꽃은 노벨 화학상이라고 생각해. 방사성 원소를 발견한 마리 퀴리도 노벨 화학상을 받은 것 알지? 난 화학 공부를 매일 할 거야."

똑똑한 맞대결

"무슨 소리! 노벨 평화상이 가장 위대한 상이지. 넬슨 만델라, 김대중 대통령 모두 노벨 평화상을 받은 분들이야. 난 이분들을 가장 존경하거든."

똑똑한 문제와 정리

● 맞으면 ◯, 틀리면 ✕ 하세요.

① 노벨상을 만든 노벨은 발명가였다. ☐

② 한강 작가는 우리나라 최초의 노벨상 수상자이다. ☐

③ 김대중 대통령은 아름다운 노래를 만들어 노벨상을 탔다. ☐

● 다음 빈칸을 채우세요.

노벨 문학상을 받은 한강 작가의 소설은 ☐☐☐☐☐ 이다.

 교과서 상식 백과

지금까지 노벨상을 받은 가장 어린 수상자는 파키스탄의 여성 교육 운동가 말랄라 유사프자이로, 여성과 아동의 교육권을 위해 헌신한 공로로 17세에 노벨 평화상을 받았어요.
반대로 90세가 넘은 나이에 노벨상을 수상한 사례도 있어요. 미국의 고체 물리학자인 존 배니스터 구디너프는 리튬 이온 전지를 개발한 공로로 97세라는 최고령 나이로 노벨 화학상을 수상했지요.
이처럼 노벨상은 나이나 세대를 초월해 인류 발전에 공헌한 이들을 기리고 있어요. 노벨상이 생긴 이래 노벨상 수상자를 가장 많이 배출한 나라는 미국으로 2022년까지 무려 403명이나 배출했어요.

세계 05

아프리카 국경선의 비밀
직선으로 달려가라!

김서아는 방학을 맞아 엄마 아빠와 함께 태어나서 가장 긴 여행을 가게 되었어. 자동차를 직접 운전해서 **아프리카 대륙**을 돌아보기로 한 거야. 첫 번째로 간 국가는 이집트였고, 피라미드들을 둘러본 뒤 시와란 도시로 갔어. 그곳에는 거대한 소금호수가 있었어. 세 식구는 자동차에서 내려서 소금호수로 걸어갔어. 김서아가 신나서 소리를 질렀어.

"우아, 신기한 호수예요. 들어가 보고 싶어요."

세 식구가 가까이 다가갔을 때 누군가 호숫물에 머리를 집어넣고 벌컥벌컥 물을 마시고 있었어.

서아 아빠 김영우가 황급히 달려가서 그 사람을 말렸어.

"이 물을 마시면 더 갈증이 나요. 그만 마셔요!"

호숫물에 머리를 박고 있던 사람이 얼굴이 흠뻑 젖은 채 고개를 들었어. 그 사람이 자기를 소개했어.

"저는 나다까라고 하무니다! 평화의 소녀상을 아프리카에 세우려고 괜찮은 곳을 찾아다니고 있스무니다!"

정말 나다까 씨 옆에는 평화의 소녀상과 그걸 등에 질 때 칭칭 감는 밧줄 같은 것이 있었어. 나다까 씨는 평화의 소녀상을 등에 메고 아프리카를 돌아다니고 있다고 했어. 서아 엄마가 나다까 씨에게 질문했어.

"우아, 대단하시네요. 우리는 이제 이집트 여행을 끝내고 수단의 알파시르란 도시로 가 보려고 해요. 어떻게 가는 줄 아세요?"

"다 아무니다! 여기서 조쪽으로 가서 남쪽으로 쭉 따라가면 되무니다. 아프리카 나라의 **국경선**은 직선이무니다."

"왜 그런 거죠?"

"아프리카 나라 대부분으뇨. 오래전에 말이무니다, 유럽 **서구 열강**의 **식민지**였으무니다. 그 열강들이 죽죽 국경선을 직선으로 그어 버렸스무니다."

김서아 아빠가 감탄하며 바라보았어.

"나다까 씨는 세계사 지식이 깊으시군요. 그래, 언제 떠나시게요?"

나다까 씨가 자리에서 벌떡 일어나더니 평화의 소녀상을 등에 업고 밧줄로 제 몸을 칭칭 감았어.

"지금이무니다!"

세 식구는 반나절 넘게 쉬었어. 참으로 아름다운 곳이었지. 그러고 나서 나다까 씨가 말해 준 대로 남쪽으로 직선으로 달렸지. 두 시간 뒤쯤 달리고 있을 때 무거운 역사를 등에 짊어진 나다까 씨가 땀을 흠뻑 흘리며 고통스런 표정으로 걸어가는 것이 보였어. 김서아가 창문을 열고 외쳐 주었지.

"나다까 씨, 힘내요!" ★

> **어휘 엿보기**
>
> - **아프리카 대륙**(Africa 大陸)
>   아시아, 아메리카에 이어 세계에서 세 번째로 큰 대륙
> - **국경선**(國境線)
>   나라와 나라의 영역을 가르는 경계선
> - **서구 열강**(西歐 列強)
>   영국, 프랑스, 독일, 러시아, 미국, 등 19세기 후반~20세기 초반에 세계적인 영향력을 행사한 서양의 강대국들을 가리키는 말
> - **식민지**(植民地)
>   한 나라가 다른 나라를 힘으로 점령하여 자기 뜻대로 다스리는 땅이나 지역

요미월드 신문

후투족으로 몰린 한국인 가족

아프리카 르완다를 여행하던 한국인 가족이 투치족에게 붙잡혀 고초를 겪었습니다. 투치족은 이 가족을 자신들과 사이가 나쁜 후투족으로 오해해 이런 일을 벌인 것으로 알려졌습니다. 이 가족은 남편 김영우 씨, 아내 한소희 씨 그리고 딸 김서아 양으로 확인되었으며 얼굴이 새카맣게 타서 한국인인 줄 전혀 몰랐다고 합니다.

김영우 씨는 "국경선을 잘못 그은 탓에 아주 오래전부터 사이가 좋지 않던 후투족과 투치족이 한 나라에 함께 살게 됐어요. 르완다 내전이 크게 일어난 것도 유럽 나라들 잘못이라고 생각해요"라고 했고, 고초를 겪은 그의 아내 한소희 씨는 "유럽이 아프리카 발전에 도움을 준 점도 있어요. 또 이제 독립한 지도 오래되었으니 해결책은 스스로 찾아야죠"라고 말했습니다.

신문 해설

1890년 영국의 솔즈베리 총리는 연설 중에 이런 말을 했어요. "우리는 지도 위에 선을 그었다. 유럽 국가들은 서로에게 아프리카 대륙의 산과 강과 호수를 나눠 주었지만, 작은 문제에 부딪혔다. 우리가 나눈 산과 강과 호수가 정확히 어디에 있는지 몰랐다는 것이다."

1800년대 아프리카는 영국, 프랑스, 독일, 벨기에 등 유럽 열강들이 식민지 쟁탈전을 벌인 곳이었어요. 영토 분쟁이 심해지자, 1884년에서 1885년까지 베를린에서 유럽 14개 나라가 참여한 회의가 열렸어요. 아프리카를 서로 나누어 가지기 위한 회의였지요. 이때 아프리카 원주민들은 논의에서 배제되었어요. 지금의 아프리카 국경선은 유럽 열강들이 만든 것이고, 원주민의 역사나 지형은 고려되지 않아 서로 적대하던 민족이 한 나라에 묶이면서 내전과 분쟁이 자주 일어나게 되었답니다.

202×년 00월 00일

"아프리카에는 1000여 개의 다양한 부족이 부족 국가를 이루어 살아가고 있었대요. 그런데 그걸 지금의 55개 국가로 억지로 나누었으니 분쟁이 생길 수밖에요. 이건 유럽 열강들의 잘못이에요."

"그렇다고 아프리카 땅에 나라를 1,000개나 만들 수는 없을 것 같아요. 이제는 아프리카 나라들과 부족들이 함께 머리를 맞대고 국경선을 다시 정해야 하지 않을까요?"

똑똑한 문제와 정리

● 맞으면 ○, 틀리면 ✕ 하세요.

① 아프리카는 일본의 식민지였다. ☐

② 아프리카 국경선은 유럽 열강들이 그은 것이다. ☐

③ 아프리카 국경선을 그을 때 아프리카 역사를 고려해서 그었다. ☐

● 다음 빈칸을 채우세요.

아프리카 17개 국가가 독립한 1960년을 ☐☐☐☐☐ 라고 부른다.

 교과서 상식 백과

아프리카 대부분의 나라들은 한때 유럽 국가들의 식민지였어요. 카메룬과 토고, 콩고 등은 프랑스의 식민지였고, 나이지리아는 영국의 식민지였어요. 이전에도 독립한 나라들이 있었지만, 대부분의 아프리카 나라들은 제2차 세계 대전이 끝난 후, 민족의식이 높아지고 독립의 의지를 다지면서 하나둘씩 독립하기 시작했어요. 1960년을 '아프리카의 해'라고 부르는데 이는 이 해에 무려 17개 나라가 독립했기 때문이에요. 하지만 아프리카 나라들은 독립한 뒤에도 또 다른 고통에 시달리고 있어요. 국경선을 잘못 그은 탓에 내전과 갈등이 계속되고 있답니다.

세계 06

한류와 대중문화
케이팝 고스트 헌터스와 악령 아이돌

어휘 엿보기

- **케이팝**(K-pop) '한국(Korea)'과 '팝(Pop, 대중음악)'의 합성어로 한국에서 만든 대중음악을 뜻함
- **한류**(韓流) 우리나라의 대중문화 요소가 외국에서 유행하는 현상
- **정체성**(正體性) 어떤 것이 변하지 않고 가지고 있는 진짜 모습이나 성질을 알아보는 것
- **대중문화**(大衆文化) 많은 사람들이 함께 즐기는 문화
- **문화 콘텐츠**(文化 contents) 매체를 통하여 제공되는 각종 문화 정보나 그 내용물

요미월드 신문

한류, 위기가 시작되나?

케이팝의 선두 주자인 인기 아이돌 그룹 요미즈가 세계 순회공연을 마치고 어젯밤 귀국했습니다. 이번 공연은 높아져가는 케이팝의 인기를 드높이기 위해 유럽과 아프리카, 아시아, 아메리카 대륙의 35개국을 돌며 이어진 공연이었다고 합니다. 공연이 순조롭기만 한 것은 아니었습니다. 요미즈 그룹의 리더 고소희에 대해 실망한 팬들이 항의를 하는 사태가 벌어지기도 했습니다. 고소희는 안무를 반복해서 틀리고, 야식을 너무 많이 먹어서 춤동작을 제대로 소화하지 못하는 모습도 보였다고 합니다.

이에 대해 문화평론가 김요미 씨는 "한류의 인기는 금세 사그라들 수도 있다"며 "한류가 단발성이 되지 않기 위해서는 우리 문화 전반을 소개하고, 실력과 남다른 콘텐츠로 승부를 보아야 한다"고 지적했습니다.

신문 해설

한류는 대한민국의 대중문화를 포함한 한국과 관련된 것들이 다른 나라에서 인기를 얻는 현상을 뜻해요. 한류라는 단어는 1990년대, 한국 문화가 해외에서 영향력을 발휘하기 시작하면서 생긴 신조어예요. 처음엔 아시아권에서 드라마가 인기를 끌었고, 이후 K-POP으로 확장되어 전 세계로 퍼졌어요. 초창기에 인기를 끈 드라마는 〈대장금〉, 〈가을동화〉, 〈주몽〉 등으로, 일본과 이란 등에서 크게 유행했지요.

이후 가수 싸이의 〈강남 스타일〉이 미국과 유럽 등지에서 큰 성공을 거두었고, 그 뒤를 이어 BTS, 블랙핑크 등 세계적인 K-POP 그룹, 〈기생충〉, 〈헤어질 결심〉 등 봉준호, 박찬욱 감독의 영화들도 국제적으로 인정받으며 한류의 위상을 더욱 높였어요.

최근에는 넷플릭스 드라마 〈오징어 게임〉에 이어 넷플릭스 영화 〈케이팝 데몬 헌터스〉가 전 세계의 인기를 얻고 있지요.

202×년 00월 00일

"케이팝의 인기는 영원할 거예요. 그러니 우리 요미즈가 조금 실수한다고 해도 괜찮아요. 우리를 사랑해 줄 팬들은 전 세계에 넘쳐날 테니까요!"

"한류의 인기가 더 확산될 것은 분명해 보여요. 하지만 인기를 이어가기 위해서는 다른 나라에서 가지지 못한 우리 고유의 문화와 콘텐츠를 발굴해야 하죠. 끊임없는 노력이 필요하다고요!"

똑똑한 문제와 정리

● 맞으면 ○, 틀리면 ✕ 하세요.

① 한류는 최근 10년 사이에 일어났다. ☐

② 〈대장금〉은 한류가 시작될 때 인기를 얻은 드라마이다. ☐

③ 케이팝은 아시아에서만 인기 있다. ☐

● 다음 빈칸을 채우세요.

텔레비전 방송 등 대중 매체를 기반으로 한 문화를 ☐☐☐☐ 라고 한다.

교과서 상식 백과

선풍적인 인기를 끈 넷플릭스 영화 〈케이팝 데몬 헌터스〉는 일본과 미국의 자본으로 만든 영화예요. 엄밀히 말하면 우리나라 자본이 직접 투자된 영화는 아닌 셈이죠. 하지만 영화 제작에 참여한 이들은 대개 한국인과 한국계 이민자들이었고, 이들 덕분에 우리 전통 문화와 정서가 영화에 잘 녹아들게 되었어요.

이 영화에는 서울의 N서울타워와 낙산 공원, 북촌 등 대표적인 명소가 아름답게 등장해 큰 화제를 모았어요. 영화를 본 많은 외국인들이 실제로 한국을 방문하고 싶어 하거나, 관광객으로 찾아오는 현상도 이어지고 있다고 해요. 문화가 가진 파급력이 대단하지요?

세계 07

중동 전쟁의 기나긴 역사
예루살렘으로 간 수상한 한국인

이스라엘 텔아비브 벤 구리온 공항에 착륙한 항공기에서 커다란 짐가방을 들고 내리는 한국인이 있었어. 그 한국인은 공항을 빠져나가서 택시를 타고 예루살렘으로 향했어. 그가 소중히 껴안고 있는 녹색 가방 안에는 무언가 수상한 물건이 들어 있는 듯 보였어.

그는 예루살렘의 가자 지구로 들어갔어. **가자 지구**는 예루살렘이란 도시 안에서도 **팔레스타인** 사람들이 사는 특별한 곳이어서 누구나 함부로 출입을 자유롭게 할 순 없는 곳이었어. 이스라엘과 팔레스타인은 오랜 역사 동안 반목을 거듭했고, 이스라엘이 나라를 세우고 그 지역을 점령한 이후로 팔레스타인 사람들은 서안 지구와 가자 지구에서 살게 되었지.

수상한 한국인이 가자 지구로 들어가자, 이스라엘 군 정보 요원들이 이 사람을 관찰하기 시작했어. 그들은 이런 말들을 나누었지.

"한국인, 스파이 같다! 관찰 주의 요망!"

"우리의 적인 팔레스타인을 도우려는 것 같다! 가자 지구에 폭격을 해서 이 한국인 스파이를 제거하자!"

수상한 한국인은 아무것도 모른 채 가자 지구 안을 돌아다니고 있었어. 그런데 잠시 후, 놀라운 일이 일어났어. 걷는 도중에 불과 20미터 떨어진 지점에 폭격이 일어난 거야.

"으악! **중동 전쟁**이 일어나곤 한다고 듣긴 했는데 여기가 이렇게 위험한 곳이었어?"

수상한 한국인은 온 힘을 다해 달아났어. 팔레스타인 사람들도 깜짝 놀라서 도망을 갔지. 그때 한 이스라엘 군인이 이 수상한 한국인을 붙잡았어.

"잡았다! 잔말 말고 따라와!"

한국인은 이스라엘 군인에게 잡혀가서 몸수색과 가방 수색을 당했어.

"가방에 수상한 게 있을 거야! **성경**이 아니라 **코란**이 있지?"

수상한 한국인은 당황하며 손을 휘저었어. 군인들은 꼼꼼하게 가방을 뒤집어서 털어 보았어. 가방에서는 이상한 것들이 튀어 나왔어.

고무장갑 30켤레, 무좀 양말 50켤레, 그리고 드라마 〈오징어 게임〉에 나온 미니어처 영희 캐릭터가 우수수 떨어졌어. 이스라엘 군인들이 서로 쳐다보며 의아해 할 때 수상한 한국인이 한국말로 떠들었어.

"저 요미상사 김영우 과장이에요. 회사가 기울어서 이번에 해외 무역을 해 보려고요! 아직 우리나라 제품이 덜 진출한 이스라엘과 중동 지역으로 나가서 적극적으로 영업을 해 보려고 온 거예요. 진짜라고요!"

김영우 과장은 손짓발짓하며 호소했지만 소용없었어. 이스라엘 군인들이 끌고 가 버리고 말았지. ★

어휘 엿보기

- **이스라엘**(Israel)
  1948년에 세워진 아시아 서부 지중해 연안에 있는 공화국

- **가자 지구**(Gaza 地區)
  서아시아 팔레스타인 남서쪽 지중해 연안에 위치한 지역

- **팔레스타인**(Palestine)
  아시아 서쪽, 지중해 동남쪽 기슭에 있는 지방

- **중동 전쟁**(中東 戰爭)
  1948년의 이스라엘 독립 이후, 이스라엘과 아랍의 여러 나라 사이에 벌어진 여러 차례의 전쟁

- **성경**(聖經)
  기독교의 경전

- **코란**(Koran)
  이슬람교의 경전

요미월드 신문

한국인, 간첩으로 오인받아

이스라엘 가자 지구에 갔던 우리 국민이 팔레스타인 측 간첩으로 오인받아 이스라엘 군인들에게 체포되는 일이 있었습니다. 무역회사 요미상사 직원 김영우 씨는 가자 지구 내로 들어간 후, 폭격이 시작되자 달아나다가 붙잡혔습니다. 김영우 씨는 조사를 받고 풀려난 후, 우리 대사관 측에 인도되었으며 극심한 스트레스로 인해 휴식을 취하고 있다고 합니다.

김영우 씨는 "이스라엘이 가자 지구 내에 사는 팔레스타인 사람들에게 무자비한 폭격을 감행하는 것을 보고 놀랐다"라며 "국제 사회가 팔레스타인인들을 도와야 한다"고 말했습니다. 동료 한소희 씨는 "이스라엘만의 잘못이 아니다. 팔레스타인을 비롯한 이슬람 무장 단체들도 이스라엘을 향한 무장 테러를 수시로 벌이지 않느냐"라고 했습니다.

 신문 해설

중동 지역은 흔히 서아시아와 북아프리카까지를 뜻해요. 이곳에는 오래전부터 유대인과 아랍인들이 뒤섞여 살았고, 페르시아(이란)도 이곳에서 터를 잡아 왔어요. 유대인(이스라엘)과 아랍인은 민족도 다르고 종교도 달라 오랫동안 땅을 두고 전쟁과 분쟁을 반복해 왔어요.

영토 분쟁뿐 아니라 종교 문제도 함께 얽혀 있어, 서로 침략하고 싸우는 일이 수없이 반복되어 왔지요. 2023년 10월에는 팔레스타인의 정당이자 무장 단체인 하마스가 이스라엘을 상대로 대규모 공격을 감행했어요. 팔레스타인은 독립국가 수립을 원하지만 이스라엘의 지속적인 탄압과 방해로 어려운 상황에 놓여 있지요.

2025년 6월에는 이스라엘이 이란의 군사 시설과 핵 시설을 전격적으로 공격하면서 두 나라 간의 전쟁이 시작되었어요. 중동 전쟁은 이런 역사적 분쟁이 반복되는 대표적인 사례이지요.

202×년 00월 00일

"이스라엘이 국가를 세운 그 땅은 원래 팔레스타인 사람들의 땅이에요. 그런데 이스라엘은 팔레스타인 사람들을 가자 지구와 서안 지구에 가두고 괴롭히고 있으니, 이스라엘이 잘못한 거죠!"

"고대까지 거슬러 가도 그 땅의 주인이 누구라고 명확히 말하기 어려워요. 이스라엘도 주변 아랍 국가들이 모두 적이어서 스스로 군사력을 키우고 방어할 수밖에 없죠."

 똑똑한 문제와 정리

● 다음 빈칸을 채우세요.

이스라엘과 반목하며 이스라엘의 가자 지구와 서안 지구에 사는 민족이에요.

☐ ☐ ☐ ☐ ☐

● 아래 중동 전쟁에 대한 설명 중 옳은 것 두 가지를 고르세요.

① 이스라엘은 유대교, 아랍 국가는 이슬람을 믿는다.
② 이스라엘은 침공만 받고 공격한 적은 없다.
③ 2025년에 이스라엘은 미국과 전쟁을 벌였다.
④ 서아시아와 북아프리카 지역을 중동이라고 부른다.

 교과서 상식 백과

이스라엘은 1948년에 새롭게 건국된 나라예요. 2차 세계 대전이 끝난 뒤, 세계 곳곳에 흩어져 살던 유대인들이 전쟁에서 승리한 전승국들에게 요구해 지금의 이스라엘을 건국하게 된 것이지요.
그 이후 이스라엘은 주변의 중동 국가들과 끊임없이 전쟁을 치르고 있어요. 1948년에 시작해 1949년까지 이어진 1차 중동 전쟁은 아랍 연합국이 이스라엘을 침공하며 시작되었어요. 이 전쟁으로 100만 명에 달하는 팔레스타인 난민이 생겨났어요. 1956년 2차 중동 전쟁은 이스라엘과 서구 연합국이 이집트를 침공한 전쟁이에요. 중동 전쟁은 계속 일어나고 있답니다.

세계 08

무역 전쟁과 보호주의
삼겹살 식당 회식에서 세운 신기록

요미상사의 미래는 밝아진 것처럼 보였어. 전 세계를 누비며 제품을 팔러 다닌 우수한 두 직원 덕분이었지. 남기남 사장은 회사에 큰 성과를 올린 두 직원을 위해 특별히 상장을 만들어서 전달했어.

"위 사람들은 요미상사의 앞날을 번창하게 했으므로 이에 수상함!"

세 사람은 그날 축하하는 의미에서 저녁에 회식 자리를 가졌어. 한소희 대리가 가장 좋아하는 삼겹살 식당을 갔지.

"사장님! 혼자 10인분 먹어도 돼요?"

"그럼, 평소에도 늘 그렇게 먹었으면서!"

요미상사 사람들은 오랜만에 즐겁게 시간을 보냈어. 회사를 창립한 이래 가장 높은 **매출**을 기록했거든. 그런데 이들이 웃고 떠들 동안 식당엔 다른 손님이 들어오지 않았어. 불경기가 계속되어 식당마다 파리만 날리고 있었던

거야. 그때 한쪽에 틀어 놓았던 텔레비전 화면에서 어떤 외국인이 큰 소리로 외쳤어.

"저 사람 누구예요?"

"나도 몰라요! 미국 배우 같은데?"

김영우 과장이 한소희 대리의 물음에 대답했어. 둘의 이야기를 들은 삼겹살 식당 사장이 어이없다는 듯 끼어들었어.

"도롭프 대통령 몰라요? 미국 대통령!"

세 사람이 동시에 고개를 가로저었어.

"네! 몰라요! 그런데 저 사람이 무어라고 하는 거예요?"

> **어휘 엿보기**
>
> - **매출**(賣出)
>   회사나 가게가 상품이나 서비스를 팔아서 벌어들인 전체 금액
> - **관세**(關稅)
>   외국에서 물건을 들여오거나 내보낼 때 나라에서 부과하는 세금
> - **다자주의**(多者主義)
>   여러 나라가 함께 규칙과 제도를 만들어 서로 공평하게 교역하는 원칙
> - **자유 무역**(自由 貿易)
>   나라끼리 상품이나 서비스의 거래를 할 때 관세나 수출입 제한 없이 자유롭게 사고파는 것
> - **수출**(輸出)
>   국내의 상품이나 기술을 외국으로 팔아 내보냄

"우리나라를 포함해서 세계 여러 나라에 **관세** 부과를 확대한대요."

삼겹살 식당 사장이 풀이 죽은 목소리로 계속 말을 이어갔어.

"미국 패권주의 때문에 그동안 유지되어 오던 **다자주의**와 **자유 무역** 기조가 흔들리게 생겼군요."

남기남 사장은 무슨 말인지 몰라서 멋쩍게 웃기만 했어. 한소희 대리는 삼겹살 7인분째를 먹어 치우고 있었지. 김영우 과장이 질문했어.

"관세를 높이면 어떻게 되는 건가요?"

"미국에서 우리가 **수출**하는 제품값이 치솟게 되죠."

남기남 사장이 그 말에 큰 소리로 웃으며 흡족해했어.

"우아, 물건값이 높아지면 좋겠네요."

삼겹살 식당 사장은 대답하지 않고 한심한 듯 쳐다보며 중얼거렸어.

'어휴, 물건값이 터무니없이 높아지면 그게 팔리겠니?'

남기남 사장을 비롯한 요미상사 직원들은 새로운 위기가 닥치고 있는 것을 까마득히 모른 채 삼겹살을 추가했어. 한소희 대리는 혼자서 15인분째 먹고 있었지. 신기록을 세울 모양이지, 뭐야! ★

요미월드 신문

한국, 상호 관세 15%에 타결

　미국의 트럼프 대통령이 전 세계 국가들을 대상으로 관세를 50%까지 부과하겠다는 기조를 유지하는 가운데 한국 정부와 15% 선에서 상호 관세율 협상이 타결되었다는 소식이 전해졌습니다. 애초 미 정부는 한국에 25%의 상호 관세를 부과하겠다고 밝혀왔으나, 이번 합의에 따라 한국도 일본, 유럽연합(EU)과 같은 수준이 되었습니다.

　이에 대한 요미시 시민들의 평가는 엇갈립니다. 요미상사의 남기남 사장은 "걱정했던 자동차 수출이나 반도체, 의약품 등이 다른 경쟁국 수준으로 대우받아 그나마 다행이다"라며 "우리 기업의 경쟁력이 빛날 것"이라는 전망을 밝혔습니다. 하지만 김영우 씨는 "당장 급한 불을 끈 수준에 불과하다"라며 "미국의 보호주의 정책으로 우리 경제가 쉽지 않게 될 것"이라고 전했습니다.

신문 해설

　무역 자유주의란 국가의 간섭을 배제하고 자유롭게 거래해야 한다는 주장이에요. 완전한 자유 무역은 세계 경제 생산량을 늘리고 고용을 창출해 국내 경제 성장을 이끈다는 거지요. 반대로 무역 보호주의는 자국 경제 발전을 위해 관세 등으로 무역을 간섭하고 통제해 다른 나라 상품과의 경쟁에서 우위를 차지하려는 주장이에요.

　최근 미국 트럼프 대통령이 무역 보호주의를 정책 방향으로 삼아 전 세계에 압박을 가하고 있어 세계 경제에 어떤 영향을 줄지 주목돼요.

　트럼프의 보호주의는 미국 우선주의, 고율 관세, 자국 산업 보호, 이민 억제 등 경제와 안보 전반에서 자국 이익을 최우선으로 하는 정책 기조예요.

　그러나 이런 미국 중심의 일방적 무역 정책은 오히려 미국을 제외한 다른 국가 간 협력을 촉진하는 결과를 낳을 수도 있다는 전망도 제기되고 있어요.

202×년 00월 00일

"미국 국민들은 트럼프의 보호주의를 반길 거야. 자국민의 일자리를 지키기 위해 불법 이민자들도 적극적으로 추방한다고 하잖아. 우리 요미시도 그렇게 해야 한다고 봐."

"미국이 멕시코와의 국경에 장벽을 세우는 등 점점 보호주의를 강화하는 모습이 보여요. 세계는 서로 협력하며 살아가야 해요. 서로 반목하고 장벽을 치는 보호주의는 오래 갈 수 없어요."

똑똑한 문제와 정리

● 다음 빈칸을 채우세요.

외국에서 수입되는 물건에 매기는 세금을 뜻해요.

☐ ☐

● 아래 무역 정책에 대한 설명 중 <u>틀린 것</u> 두 가지를 고르세요.

① 국가 간의 간섭을 배제하고 자유롭게 거래해야 한다는 것을 무역 자유주의라고 한다.
② 미국 트럼프 대통령은 무역 자유주의자이다.
③ 우리나라는 다른 나라에 대해 관세를 부과하지 않는다.
④ 무역 보호주의는 자국의 상품을 보호하기 위한 정책이다.

교과서 상식 백과

관세는 외국에서 수입되는 물건에 부과하는 세금을 뜻해요. 예를 들어 우리나라에 미국산 자동차가 들어오면 그 자동차에 세금이 붙고, 판매 가격은 세금이 더해져 더욱 비싸져요. 만약 관세가 높아 수입차 가격이 크게 오른다면 소비자는 상대적으로 저렴한 국산차를 선택할 가능성이 더 커지겠지요? 이처럼 관세를 높게 매기면 특정 품목의 수입이 줄어드는 효과가 나타나요. 이는 결국 자국 산업을 보호하는 중요한 장치로 작용하지요. 보호주의 정책은 이러한 특징을 활용해 수입품에 높은 관세를 부과하고, 자국 기업의 경쟁력을 유지하려는 경향으로 나타난답니다.

세계 09

독도와 영토 주권
개념 아이돌의 무한 독도 사랑

어휘 엿보기

- **독도**(獨島) 경상북도 울릉군에 속하는 화산섬으로 동도와 서도 두 섬 및 부근의 작은 섬들로 이루어져 있음
- **영토**(領土) 국제법에서, 국가의 통치권이 미치는 구역
- **실효 지배**(實效 支配) 한 국가가 특정 지역이나 영토를 실제로 관리하고 통제하여 실질적으로 다스리고 있는 상태
- **영유권**(領有權) 한 국가가 특정 영토에 대해 국제법적으로 인정받는 주권적 권리
- **영해**(領海) 한 나라의 통치권이 미치는 바다의 범위

요미월드 신문

독도에 야욕을 보인 일본 정부

최근 일본 정부가 한국 조사선이 독도 인근에서 해양 조사 활동을 한 것에 대해 항의했다고 발표했습니다. 일본 외무성은 이날 보도자료를 통해 "다케시마(일본이 주장하는 독도 명칭) 서쪽 영해에서 한국 조사선 온누리호가 와이어와 같은 것을 바닷속에 투입하고 있는 것을 확인했다"며 항의를 제기했습니다. 이에 대해 우리 정부는 "독도는 역사적, 지리적, 국제법적으로 명백한 우리 고유의 영토"라며 "영토 주권에 대한 일본 측의 어떠한 주장도 받아들일 수 없다"고 일축했습니다.

이 소식을 들은 요미시의 시민들은 즉시 동해로 가서 독도를 지키겠다고 했습니다. 한소희 씨는 "독도는 신라 때 이미 이사부 장군이 배를 타고 건너가 정복한 우리 땅"이라며 "일본인은 얼씬하지 마라"고 경고했습니다.

신문 해설

신라 때 장군 이사부가 우산국(삼국 시대에 울릉도에 있던 나라)을 정벌한 이후, 우산국은 신라의 영토가 되었어요. 독도가 우리 영토임은 여러 고문서에서도 확인할 수 있어요. 현재 대한민국은 입법, 행정, 사법적으로 독도를 실효적으로 지배하고 있어요.

경찰이 상주하여 독도를 지키고 있고, 우리 군이 독도의 영공과 영해를 수호하고 있어요. 또 독도 관련 법령을 시행하고 있고, 등대 등 시설물을 설치해서 운영하고 있지요. 실제로 우리 국민이 독도에 거주하고 있기도 하고요.

그런데도 일본은 여전히 독도가 자국 영토라고 주장하며, 1954년에는 독도를 국제사법재판소에 회부하려고도 했어요. 영토 분쟁으로 문제를 삼으려는 의도였지요. 우리 정부는 독도가 명백히 우리 영토임을 근거로 일본의 영토 분쟁 전략에 말려들지 않고, 이를 단호히 거부하고 있어요.

202×년 00월 00일

"일본이 독도를 다케시마라고 부르며 자신들의 영토라고 주장하는 것은 어이가 없어요. 일본이 시비를 건다면 당당히 맞서야죠. 어디 영토 분쟁을 해 보자고 해요!"

똑똑한 맞대결

"독도는 우리 영토임이 분명하니 굳이 영토 분쟁에 휘말려서는 안 돼요. 자칫하다간 독도가 '논쟁 중인 땅'으로 인식돼서 우리의 실효적 지배의 정당성이 약화될 수도 있어요."

똑똑한 문제와 정리

● 맞으면 ○, 틀리면 ✕ 하세요.

① 독도는 하나의 커다란 바위섬이다. ☐

② 독도는 우리 영토이며 영해와 영공을 지켜야 한다. ☐

③ 일본 정부는 독도에 등대를 설치했다. ☐

● 다음 빈칸을 채우세요.

독도에 상주하면서 독도를 지키는 경찰을 ☐☐☐☐☐ 라고 한다.

교과서 상식 백과

독도는 울릉도의 동남쪽에 위치한 섬으로 동도와 서도라는 두 개의 큰 바위섬을 중심으로 주변에 87개의 작은 바위섬이 흩어져 있어요. 모두 합하면 89개의 바위섬으로 이루어진 셈이지요.
3세기경부터 사람이 살기 시작한 것으로 확인되며, 신라 지증왕 때 우산국이 신라에 병합되면서 자연스럽게 부속섬인 독도도 신라 영토에 편입되었어요. 이후 고려에 이어 조선 시대에도 행정구역상 우리의 영토로 존재해 왔어요. 현재는 독도경비대와 등대 관리원이 상주하여 섬을 지키고 있고, 일부 주민이 서도에 거주하며 어업 활동을 하고 있답니다.

PART5 언론

언론의 역할 # 기자의 역할 # 가짜 뉴스
언론의 독립 # 표현의 자유 # 언론과 마녀사냥
신문과 방송 # 뉴 미디어

01 요미일보 탄생과 참 언론인들

02 현장으로 달려간 냉혈 기자

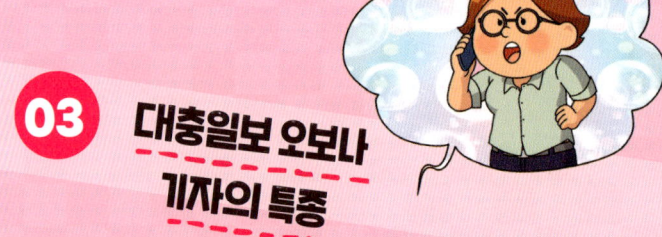

03 대충일보 오보나 기자의 특종

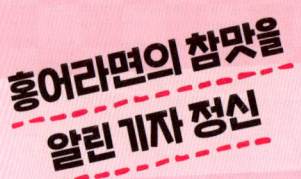

04 홍어라면의 참맛을 알린 기자 정신

05 마라탕 괴물이 학교를 덮쳤어!

06 대충일보와 요미일보의 언론 전쟁

07 김요미 후보를 구출하라!

요미월드, 세상에 나오다! **08**

언론 01

언론의 역할과 책임
요미일보 탄생과 참 언론인들

   남기남 시장은 시장직을 일찍 물러나게 되었어. 온갖 음해에 시달리다가 자진 사퇴를 한 거야. 정치는 참 피로한 일이었어. 젊게 보이려고 가발을 쓴 적이 있는데, 여론은 오히려 나빠졌어. 인터넷 매체로 라이브 방송을 켜고 사람들과 소통하던 중 더워서 잠시 가발을 벗었는데, 그 순간 댓글이 쏟아지기 시작했지. 어떤 이는 '차라리 다시 가발을 쓰라!'고 했고, 어떤 이는 '가면을 쓴 정치인'이라고 비꼬았어.
   "후유, 난 정치인이 체질에 맞지 않는가 봐!"
   남기남 전 시장이 다시 요미상사로 출근해서 직원들을 소집했어. 그러고는 폭탄 발언을 했지.
   "내가 안 해본 것이 없어. 그런데 이번에 깨달았어. **대중 매체**의 힘이 아주

세더라고. 그래서 **언론**을 만들기로 결심했어."

김영우 과장이 묵묵히 듣더니 한마디 했어.

"**방송**요? 아니면 **신문**?"

"언론이 그렇게 많아? 그런 건 아직 생각해 보지 않았어."

한소희 대리가 깔깔 웃었어.

"히히, 뭐든 상관없어요. 얼른 만들어서 저 기자 시켜 주세요."

남기남 전 시장이 골똘히 생각하다가 김영우 과장에게 물었어.

"이보게, 김 과장! 나한테 뭐가 어울릴 거 같은가?"

김영우 과장은 언론을 만드는 일이 썩 내키지 않았어. 그래서 남기남 사장에게 여러 언론 중 자신이 생각하기에 가장 짧은 시간에 사업이 망할 것 같은 것을 꼽았어.

"신문사를 차리셔야죠. 신문이야말로 가장 오래된 언론 매체니까요!"

"신문사? 그러면 요미일보?"

"네! 그 대신 한 가지 약속해 주세요."

"뭘?"

"**황색 언론**이 되지 않겠다고요."

듣고 있던 한소희 대리가 끼어들었어.

"황색 언론? 신문지를 노란색으로 하면 안 돼요?"

김영우 과장은 한소희의 말을 흘리고, 남기남 사장에게 다시 말했어.

"언제 창간하시게요?"

"내일 당장 언론사 신청해야지. 요미일보! 좋아, 요미일보로 결정!"

참 대단한 언론사의 탄생을 알리는 날이었지! ★

어휘 엿보기

- **대중 매체**(大衆 媒體)
  신문, 잡지, 영화, 텔레비전 따위와 같이 많은 사람에게 대량으로 정보와 오락, 문화 등을 전달하는 매체

- **언론**(言論)
  매체를 통하여 어떤 사실을 전달하거나 어떤 문제에 대하여 여론을 형성하는 활동

- **방송**(放送)
  인터넷이나 텔레비전 따위를 통하여 음성·영상·문자를 많은 사람에게 전파하는 일

- **신문**(新聞)
  새로운 소식과 정보를 기사로 정리해, 종이 또는 디지털 형태로 정기 발행하는 간행물

- **황색 언론**(黃色 言論)
  독자의 관심을 끌기 위하여 과장하거나, 확인되지 않은 정보와 흥미 위주의 기사를 다루는 언론

요미월드 신문

언론 전쟁은 왜 일어났나?

최근 언론사들 사이에서 사소한 사건을 두고 치열한 공방이 벌어졌습니다. 얼마 전 자사가 보도한 '똥 학교 폭력' 사건과 관련해 K 방송사가 뉴스의 신빙성에 의문을 제기하며 논란이 시작되었습니다. K 방송사는 해당 사건을 직접 취재해 가해자를 직접 인터뷰했고, 이를 근거로 최초 보도가 오보였다고 주장했습니다.

K 방송사의 인터뷰에 응한 가해자는 "빵을 사오라고 강제로 시킨 것이 아니라 부탁한 것이었다"며, "잘못 보도한 신문사에 대해 정정 보도와 법적 조치를 취하겠다"고 밝혔습니다. 이를 두고 "언론의 사명은 공정한 보도인데 최초 보도한 신문사는 문을 닫아야 한다"는 의견과 "언론은 신속성이 무척 중요하고, 사실과 어긋나는 부분은 추가 취재를 통해 보완하면 될 것"이란 의견이 팽팽히 맞서고 있다고 합니다.

신문 해설

언론은 개인이나 단체가 신문, 방송 등의 매체를 통해 정보를 전달하거나 여론을 형성하는 활동을 뜻해요. 영어로는 미디어(media)라고 부르고, 미디어란 '중간, 매개물'이라는 뜻에서 나온 말로 우리말로는 '매체'라고 해요. 여기에 대중을 뜻하는 매스(mass)가 합쳐져 매스 미디어라고 하는데, 이는 신문과 방송 같은 대중 매체를 의미해요.

매스 미디어는 많은 사람에게 동시에 내용을 전달해야 하므로 각 매체마다 시설과 인력, 장비, 기술 등이 필요해요. 신문을 만들기 위해서는 기자뿐 아니라 인쇄 기술도 중요하지요. 방송사는 더 발전된 기술과 시설이 필요해요. 라디오와 텔레비전을 통해 뉴스를 전달하려면 전파 송신 기술, 카메라 장비 등과 더 많은 인력이 필요하거든요. 이렇게 마련된 기반 위에서 뉴스가 제작되고, 언론의 기능을 하게 되는 거예요.

202×년 00월 00일

"언론은 소식을 전하는 매체잖아. 그런데 사실을 제대로 전달하지 못하면 언론으로서 자격이 없는 것 같아. 나는 신속한 보도보다 진실된 보도가 더 중요하다고 생각해."

"그 말도 맞지만, 신속함이 특별히 요구될 때도 있어. 지진이 발생했다고 가정해 봐. 기사에 지진의 규모 등이 완전히 정확하지는 않더라도, 속보를 본 사람들은 신속히 대피할 수 있잖아."

똑똑한 문제와 정리

● 아래의 빈칸을 채우세요.

대중 매체를 뜻하는 영어는 ☐☐☐☐☐ 라고 해요.

● 아래 중 언론이 가져야 할 태도로 맞지 <u>않는 것</u> 두 가지를 고르세요.

① 언론은 신속하면서 공정하게 보도해야 한다.
② 일부 사실이 틀려도 신속하게 알려야 한다.
③ 기자는 직접 취재원을 만나기보다는 전화로만 취재해야 한다.
④ 방송국은 신문사보다 더 많은 장비가 필요하다.

교과서 상식 백과

최초의 신문은 〈악타 디우르나〉로 알려져 있어요. 약 2,000년 전, 고대 로마의 집정관(최고 관리) 카이사르가 도입한 것으로, 국가의 소식을 석고판에 새겨 시민들에게 알렸어요.
처음에는 법률 진행 상황이나 재판 결과를 중심으로 소식을 전했지만, 점차 주요 인물의 결혼이나 사망 등 여러 사회적 사건도 담게 되었지요. 이러한 기록은 광장이나 공중목욕탕처럼 사람들이 쉽게 접할 수 있는 공공장소에 게시되었어요. 그래서 평범한 시민들도 국가 운영과 사회 변화를 알 수 있었지요. 뉴스를 많은 대중에게 전달했다는 점에서 〈악타 디우르나〉를 최초의 신문이라고 할 수 있어요.

언론 02

기자의 역할과 책임
현장으로 달려간 냉혈 기자

   신문을 창간하고도 한 달이 지났을 때 요미일보에 사건이 제보되었어. 초등학생으로 짐작되는 어린아이가 떨리는 목소리로 전화를 했지.
"저, 김서아예요. 저, 너무 힘들어요. 학교 폭력에 시달리고 있거든요."
한소희 **기자**가 전화를 받아서 여러 가지 사항을 물어봤어.
"그래? 이름이 김서아! 내가 너를 **취재**할 테니 내 질문에 잘 대답해 줘."
"네! 무엇이든 물어보세요."
"너, 예뻐? 너, 어떤 음식 좋아해? 너, 취미가 뭐야?"
"네?"
그때 옆에 있던 김영우 선배 기자가 한소희 기자를 꾸짖었어.
"한 기자, **육하원칙**에 따라서 취재해야죠! 전화 좀 바꿔 줘요."
김영우 기자가 전화기를 휙 낚아채더니 김서아 **취재원**과 대화했지. 전화 취재를 끝내며 김영우 기자가 어린 취재원을 달랬어.

"걱정하지 마! 그런 흉악한 범죄의 실상을 밝히는 것이 우리 기자들이 할 일이거든. 우리가 낱낱이 실체를 밝혀 줄게."

김영우 기자는 남기남 언론사 사장이자 국장에게 보고했어.

"그래서 현장에 나가 취재해 봐야겠어요! 가해자도 만나 보고, 실상을 알아봐야죠."

남기남 국장이 한껏 상기되어서 칭찬했어.

"요미일보에 이런 훌륭한 기자가 있었군. 어서 나가 보게."

어휘 엿보기

- **기자**(記者)
  신문, 잡지, 방송 등에서 취재하여 기사를 쓰거나 보도하는 사람
- **취재**(取材)
  기사나 글에 쓸 사실과 자료를 직접 찾아서 모으는 것
- **육하원칙**(六何原則)
  역사 기사나 보도문 등을 쓸 때 지켜야 하는 기본 원칙으로, '누가, 언제, 어디서, 무엇을, 어떻게, 왜'의 여섯 가지를 가리킴
- **취재원**(取材源)
  기자가 기사나 보도를 위해 얻는 자료나 사실의 출처
- **유언비어**(流言蜚語)
  아무 근거 없이 널리 퍼진 소문

김영우 기자와 한소희 기자는 함께 나가서 김서아가 가해자로 지목한 박정우 학생을 취재했어. 박정우 학생은 한눈에 보아도 장난꾸러기로 보였어. 하지만 기자는 편협한 시각을 가지면 안 되고, 교차 검증이 필요하기 때문에 사건의 발단부터 따져 보기로 했지. 김영우 기자가 질문했어.

"학교에서 똥 싼 걸로 **유언비어**를 퍼뜨리고 김서아를 협박했다고?"

"무슨 말씀이세요? 김서아가 똥 싼 건 사실이잖아요. 그러니까 유언비어를 퍼트렸다는 건 맞지 않는 말이죠. 그리고 협박한 건 없어요."

"빵을 안 사 주면 소문내겠다고 했다던데?"

"부탁한 거예요. 제가 이렇게 말했어요. '난 네 똥 싼 이야기를 비밀로 지켜 주고 있잖아. 내가 배가 너무 고파서 그러는데 빵 하나만 부탁해도 되겠니? 다음에 갚을게.'라고 말했어요."

김영우 기자는 취재를 마친 후 기사를 작성했어. 그리고 편집한 후 보도했어. 기사 제목이 참 멋졌어.

'똥 때문에 학교 폭력을?'

요미일보의 훌륭한 첫 보도였지. ★

요미월드 신문

똥 때문에 학교 폭력을?

최근 요미초등학교에서 심각한 학교 폭력 사건이 벌어졌습니다. 사건의 시작은 대변 문제 때문이었습니다. 이 학교에 다니는 김 모 양은 수업 중 갑작스러운 배변감을 느꼈습니다. 김 모 양은 선생님께 여러 번 화장실에 가고 싶다고 의사를 표시했지만, 받아들여지지 않았고, 결국 참기 힘들어 급히 화장실로 달려갔습니다. 문제는 김 모 양이 들어간 화장실이 남자 화장실이었고, 용변을 해결한 뒤 나온 김 모 양을 동급생이 목격한 것이었습니다. 이후부터 이 동급생은 김 모 양에게 지속적으로 학교 폭력을 가하기 시작했다고 합니다.

김 모 양은 "그 친구가 빵을 사 오지 않으면 남자 화장실에 들어간 사실을 알리겠다고 협박했다"고 울먹이며 말했습니다. 참으로 안타까운 사건입니다.

> 김서아가 남자 화장실에서 똥 쌌어!
> 어머, 똥쟁이!
> 걔랑 놀지 말자.

신문 해설

위의 기사가 신문에 실리기까지는 많은 이들의 노력이 필요해요. 신문사에는 편집국이 있고, 정치, 경제, 사회 등 분야별로 기자들이 취재해 기사를 작성해요. 이후 편집 기자가 기사문을 다듬고 교정·교열한 뒤, 디자인 작업을 거치지요. 이 과정에서 기사의 사실 여부를 교차 검증해요. 경력과 직급이 높은 기자가 기사 제목을 재검토하고, 기사문 문장을 꼼꼼히 읽으며 문제가 없는지 살펴봐요. 이후 인쇄 과정을 거쳐 신문이 독자들에게 전달되지요.

기자는 취재를 하기 전에 회의도 많이 해요. 기사로 다룰 주제가 정말 필요한 것인지, 다룬다면 어떤 방법으로 접근해야 하는지 등을 논의해야 하거든요. 이후 취재원을 인터뷰하거나 현장에 나가 직접 취재하지요. 기자에게 가장 중요한 태도 중 하나는 선입견과 편견 없이 취재하는 마음가짐이에요.

202×년 00월 00일

"참 훌륭한 기사예요. 요즘 학교 폭력 문제가 심각한데 기자가 피해자를 인터뷰해서 생생하게 학교 폭력 사건에 대해 전달하고 있잖아요. 사명감이 뛰어난 기자네요."

"사회 문제를 전달하고자 한 노력은 좋지만, 저 기사에는 아쉬운 점이 있어요. 가해자로 불리는 이의 반론은 듣지 않고, 피해자의 일방적인 주장만 실었잖아요. 다시 써야 하는 기사예요."

똑똑한 문제와 정리

● 다음 빈칸을 채우세요.

기자가 하는 역할과 뉴스 등을 다루는 학문을  이라고 해요.

● 아래 중 올바른 태도를 가진 기자의 생각을 고르세요.

① 소문이 자자한 걸 보니 사실이군. 얼른 기사를 써야지.
② 저 사람은 인상이 안 좋아. 범인이 분명할 거야.
③ 서로 주장이 다르니 모두의 입장을 들어봐야겠군.
④ 아무도 관심을 가지지 않는 기사는 쓸 필요가 없어.

교과서 상식 백과

뉴스에 관한 학문을 저널리즘이라고 해요. '저널'이란 말은 매일 일어나는 사건에 대한 기록을 뜻해요. 이러한 기록을 남기는 사람이 바로 기자이고, 우리는 그들을 저널리스트라고 불러요. 저널리스트는 다양한 사건이나 사고 등을 꼼꼼하게 기록해 보도하는 역할을 해요. 저널리즘은 이런 기자들에게 필요한 태도와 일하는 방식, 사회에 끼치는 영향 등에 대해 연구하고 논의하는 학문이에요.
과거에는 신문이나 잡지 같은 종이 매체가 중심이었지만, 요즘은 방송과 새로운 미디어의 출현으로 저널리즘이 다루는 영역이 훨씬 더 넓어졌어요.

언론 03

가짜 뉴스와 진실
대충일보 오보나 기자의 특종

요미일보는 신문 독자들로부터 점점 더 많은 주목을 받았어. 인터넷 신문도 함께 운영했는데 요즘 언론답지 않게 진실만을 추구한다는 칭찬이 자자했지. 한소희 기자도 그런 칭찬에 신나서 더 열심히 취재했어. 그러던 어느 날 경쟁지인 대충일보를 보게 되었어. 아이돌 그룹 요미즈와 관련한 것이었어.

"우아, 요미즈의 리더 고소희가 다이어트에 성공했대요. 우리가 이걸 취재했어야 하는데 대충일보의 오보나 기자에게 빼앗기고 말았네요."

김영우 기자가 그 소리를 듣고, 고개를 갸웃거렸어.

"고소희? 그럴 리가 없을 것 같은데."

김영우 기자는 그날로 잠복 취재에 들어갔어. 요미즈가 가는 곳마다 몰래 따라다니며 고소희를 지켜보았지. 하지만 고소희가 온몸을 칭칭 감는 특이한 의상을 입고 있어서 살이 빠진 건지 확인하기가

좀처럼 힘들었어. 다만 식당에서 음식을 먹는 걸 보면 수상하긴 했어.

"헉! 점심으로 짜장면을 세 그릇 먹고, 마라탕을 한 그릇 더 먹고, 후식으로 케이크까지? 그 기사는 의도된 **오보** 또는 엉터리 취재로 만든 **가짜 뉴스** 아닐까?"

김영우 기자는 공연이 있던 날 대기실로 잠입하는 데 성공했어. 이상하게도 고소희는 최근 공연에서 날씨에 맞지 않게 온몸을 꽁꽁 싸맨 의상을 계속 입었지. 숨어 있던 김영우 기자는 마침내 가려진 진실을 보고야 말았어.

고소희가 외투를 벗은 모습을 보게 된 거야. 그건 다이어트에 성공한 모습이 아니었어. 예전 그대로, 아니 좀 더 육중해 보였어.

'역시! 그건 잘못된 기사야! 오보나 기자에게 물어봐야겠군.'

김영우 기자가 오보나 기자를 찾아갔지. 오보나 기자도 그 이야기를 듣고 깜짝 놀랐어.

"정말요? 전 고소희가 보내 준 사진을 믿고 기사를 쓴 거예요. 만약 고소희가 저를 속여서 기사를 쓰게 만든 거라면 언론플레이 한 거네요?"

"그런 것 같네요. 기사를 쓸 땐 **편향성**을 갖고 쓰면 안 되고, **선정주의**에 빠져서 써도 안 되는데 이번 건 고소희에게 속은 것 같네요."

오보나 기자는 다시 취재를 해서 정정 보도를 하겠다고 약속했어. 그런 다음 오보나 기자가 고소희에게 전화했지.

"고소희님! 살 뺐다는 거 사실 아니죠?"

고소희는 한창 저녁을 먹고 있느라 제대로 대답하지 않았어.

"네? 우걱우걱! 사실……, 냠냠, 사실은, 쩝쩝, 장난, 쩝쩝쩝 꿀꺽! 미안해요……, 끄으으으윽!" ★

어휘 엿보기

- **오보**(誤報)
어떠한 사건이나 소식을 사실과 다르게 전하여 알려 줌
- **가짜 뉴스**(fake news)
진짜 뉴스처럼 꾸며 거짓 정보를 퍼뜨리는 기사나 내용
- **편향성**(偏向性)
어떤 정보나 보도를 할 때 한쪽으로 치우치는 경향
- **선정주의**(煽情主義)
사람들이 크게 놀라거나 흥미를 갖게 하려고, 자극적인 내용이나 표현을 의도적으로 사용하는 태도나 방식

요미월드 신문

최초 달 착륙 주장, 가짜 뉴스?

최근 세계를 떠들썩하게 만든 사건이 일어났습니다. 오랜 기간 달에 최초로 착륙한 이가 미국의 우주인 닐 암스트롱이라고 알려져 있었는데, 이를 뒤집는 증언이 나왔습니다.

한 소식통에 따르면 최초로 달에 발을 디딘 사람은 닐 암스트롱이 아니라, 한국의 남기남 씨라고 합니다. 남기남 씨는 자신이 간직해 온 오래된 사진을 증거로 내보였는데, 남기남 씨가 달에서 찍힌 사진은 닐 암스트롱 것보다 더 오래된 것으로 보입니다. 만약 요미상사의 남기남 사장이 달에 최초로 착륙한 인물로 인정된다면, 요미상사는 이를 내세워 우주 개발 사업에 더욱 박차를 가할 것으로 보입니다. 이 사실이 증명된다면, 한국은 미국이나 중국보다 우주 개발 역사의 선두였던 것으로 밝혀질 전망이어서 많은 기대를 모으고 있습니다.

신문 해설

뉴스가 되는 이야기는 보통 평범하지 않아요. 김서아가 밥을 먹었다는 건 뉴스가 되지 않지만, 밥을 백 공기 먹었다면 뉴스로서 가치가 있어요. 인류 역사상 신기록을 세운 일이니까요. 세상에는 매일 신기하고 다뤄야 할 뉴스거리가 쏟아져요. 대부분 사건·사고나 정치, 사회적으로 민감한 사안들이지요. 그런데 이 중에는 가짜 뉴스도 많아요.

가짜 뉴스란 사실에 대한 취재가 부족해 생긴 오보와, 의도를 가지고 만든 허위 뉴스를 포함하는 말이에요. 이런 가짜 뉴스는 허위 정보를 유포해 사회적, 경제적 갈등을 낳기도 해요. 그래서 우리는 가짜 뉴스를 판별할 줄 알아야 해요. 가짜 뉴스를 알아내려면 우선 뉴스가 육하원칙에 따라 작성됐는지 따져 봐야 해요. 또 하나의 기사만 보지 말고 여러 기사를 읽으며 균형 잡힌 시각을 갖추려는 노력이 필요하답니다.

202×년 00월 00일

"한국이 달에 가장 먼저 착륙했다고? 믿을 수 없어! 이건 가짜 뉴스가 분명해. 사실을 검증할 수 있는 정확한 증거가 없는 상황에서 나오는 이런 뉴스는 가짜 뉴스야."

"한국이 우주 개발의 선두 주자라니! 믿기지 않을 만큼 기쁜 소식이야! 이런 좋은 소식을 전하는 뉴스라면 가짜 뉴스일 리가 없지. 너무 의심이 많은 것도 안 좋아."

똑똑한 문제와 정리

● 다음 빈칸을 채우세요.

오래전 로마 시대에 가짜 뉴스를 만들어 정적을 제거하려 한 인물은 ☐☐☐☐☐☐ 이다.

● 아래 중 기사를 읽는 올바른 태도를 가진 독자의 생각을 고르세요.

① 신문에 나오는 모든 기사는 다 믿을 수 있어.
② 기자는 나쁜 의도를 가지고 있지 않아.
③ 항상 가짜 뉴스인지 의심하며 기사를 봐야 해.
④ 세상일에 관심을 가지지 않는 게 가장 좋아.

 교과서 상식 백과

가짜 뉴스의 역사는 아주 오래되었어요. 고대 로마 시대에도 이런 일이 있었어요.
기원전 44년, 카이사르가 오랜 권력을 행사하다가 동료들에 시기와 음모로 목숨을 잃게 됐어요. 그 뒤 권력을 잡으려 했던 옥타비아누스는 경쟁자였던 안토니우스를 흠집 내기 위해 가짜 뉴스를 퍼뜨렸어요. 안토니우스가 늘 술에 취해 있다는 내용의 문구를 곳곳에 새겨, 많은 사람들이 이 소식을 접하게 만든 거죠. 그 결과, 사람들은 안토니우스를 지지하지 않게 되었고, 옥타비아누스에게 힘이 실리게 되었지요. 이렇게 가짜 뉴스는 옛날부터 사람들의 생각과 사회의 흐름에 큰 영향을 끼쳐 왔답니다.

언론 04

언론의 독립
홍어라면의 참맛을 알린 기자 정신

"이보게. 기자들. 이번에 이 제품에 관련한 기사를 써 봐!"

편집 회의에서 남기남 국장이 내민 것은 홍어 칼국수 라면이었어. 어느 라면 회사에서 새롭게 출시한 제품이었지. 한소희 기자가 궁금해하며 물었어.

"제품 기사는 처음 써보게 되었네요. 제가 쓸까요?"

남기남 국장은 한소희 기자가 미덥지 않았지만, 고개를 끄덕였어.

"중요한 기사니 잘 써야 해. 특히 맛이 좋다는 걸 강조해야 돼."

옆에서 듣고 있던 김영우 기자가 회의가 끝난 후 인터넷으로 홍어 컵라면에 대해 검색해 보았어. 그건 아이돌 그룹 요미즈가 광고하는 컵라면이었어. 요미즈의 리더 고소희가 부르는 가사를 들어 보았지.

'향긋한 홍어~ 쫄깃한 면발 찾아 헤엄치지~'

그때 남기남 국장의 사무실 방에 누군가 들어가는 것이 보였어. 그 사람은 커다란 종이 상자를 들고 들어갔어. 그 사람이 남 국장에게 인사를 하며 말했어.

"홍어라면 광고를 요미일보에 실을 테니 기사 좀 잘 써 주세요."

"네네! 우리 한소희 기자가 정말 맛있다고 쓸 겁니다. 하하!"

김영우 기자는 남 국장이 혼자 있을 때 찾아가서 따졌어.

"국장님! 언론의 기본 정신은 **비판**하는 데 있잖아요. 광고주에 휘둘리면 안 되고, 언론사 사주라고 해도 기자의 **편집 독립권**을 방해할 수 없어요."

남기남 국장이 말을 더듬으며 자리를 피했어.

"아, 난 출장이 있어서 며칠 좀 자리를 비울 거야. 그때 얘기하자고."

그사이 한소희 기자가 라면을 먹으며 기사를 쓰기 시작했지. 김영우 기자가 옆에서 기사를 쓰면 안 된다고 말렸어.

"한 기자! 기자는 정치, 경제, 종교 등으로부터 자유로워야 해요. 오로지 기자 자신만의 판단으로 기사를 써야 한다고요."

"하하하, 전 그런 거 몰라요. 그냥 제 느낌대로 쓸 거예요."

남 국장이 출장 간 사이, 한소희 기자가 기사를 써서 신문에 올려 버렸어. 기사의 내용이 기가 막혔지.

「이번에 새롭게 출시된 홍어 칼국수 라면은 맛이 끝내 줍니다. 콧구멍을 얼얼하게 만들어 면발이 귀로 들어가는지 콧구멍으로 들어가는지 알 수 없게 만듭니다. 한 번 먹으면 다시 찾고 싶지 않는 맛으로, 돈이 많으면 한 번쯤은 사 먹어도 될 제품입니다.」

한소희 기자! 언론 독립에 대해선 아무것도 몰랐지만, 기사 하나는 솔직하게 쓰는 기자였었네. ★

어휘 엿보기

- **광고**(廣告)
사람들이 상품을 사거나 서비스를 이용하도록, 여러 매체를 통해 널리 알리는 것

- **비판**(批判)
어떤 일, 행동, 생각 등에 대해 옳은 점과 잘못된 점을 따져 말하는 것

- **편집 독립권**(編輯 獨立權)
언론매체가 외부의 간섭이나 규제 없이 자유롭게 기사를 편집하고 편성할 수 있는 권리

요미월드 신문

양치질의 혁명, 강철 칫솔 출시

　최근 소비자들에게 큰 인기를 얻고 있는 제품이 화제입니다. 요미상사가 연구를 거듭한 끝에 출시한 강철 칫솔입니다. 이 칫솔을 사용한 소비자들은 한목소리로 강철 칫솔의 우수성을 칭찬하고 있습니다. 칫솔모가 강철 소재로 되어 있어 매우 튼튼하며, 반영구적으로 사용할 수 있다는 장점이 있습니다. 또 잘 빠지지 않는 잇몸이나 이 사이에 낀 이물질도 단단한 칫솔모가 빠짐없이 제거해 준다고 합니다.

　우리 신문의 하단 광고에도 소개된 강철 칫솔은 가격도 무척 저렴합니다. 불경기에 살림이 힘든 소비자들에게 희소식인 강철 칫솔은 하나에 단돈 500원, 세 개 한 묶음은 1,000원입니다. 강철 칫솔의 유일한 단점은 잇몸에서 피가 철철 날 수 있다는 점이니 조심히 사용하시기 바랍니다.

신문 해설

　대중은 오늘날 언론을 온전히 신뢰하지는 않고 있어요. 언론이 정치·경제 권력으로부터 완전히 독립하지 않았다고 보기 때문이지요. 실제로 기자들 역시 언론사 사주나 외부 압력에서 자유롭지 못한 경우가 있었어요. 일제 강점기에는 우리 신문이 일제에 비판적인 기사를 실었다가 압수당하기도 했어요. 한 신문사는 평양에서 일어난 만세 운동 기사를 실었다가 일제에 의해 강제로 기사를 삭제당하는 수모를 겪기도 했지요.

　군부 독재 시대에는 더 심각했어요. 당시 정권은 언론을 장악하기 위해 신문사와 방송사를 강제로 통폐합하여, 하루아침에 방송국이 사라지는 일도 있었어요. 또 기사나 방송을 내보내기 전에 철저히 검열하고, 마음에 들지 않으면 가차 없이 수정하거나 삭제해버리기도 했지요. 현재도 광고주의 압력에서 자유롭지 못한 경우도 있다고 해요.

202×년 00월 00일

"좋은 제품을 소개한 아주 훌륭한 기사야. 저렇게 잘 알려지지 않은 소식이나 신상품을 발굴해 소개하는 기사가 많아져야 해. 나도 강철 칫솔 하나 사야지."

"저건 신문에 광고를 하고 있는 광고주의 제품을 소개해 주는 기사 같아. 기사 내용을 봐. 이를 닦는데 피가 철철 날 수 있는 칫솔을 좋은 제품이라고 소개하다니! 저 기사를 믿으면 안 돼!"

똑똑한 문제와 정리

● 맞으면 ○, 틀리면 × 하세요.

① 우리나라 최초의 신문은 요미일보이다. ☐

② 언론은 권력으로부터 독립해야 한다. ☐

③ 독립신문을 창간한 이들은 서재필을 비롯한 독립 협회가 주축이 되었다. ☐

● 다음 빈칸을 채우세요.

공권력이 표현이나 정보의 공개를 통제하는 행위를 ☐☐☐☐라고 한다.

교과서 상식 백과

우리나라 최초의 신문은 독립신문이에요. 독립신문은 1896년 4월 7일, 한국 최초로 창간된 민간 신문이자 동시에 한글판과 영문판을 함께 발행한 매우 뜻깊은 신문이에요. 서재필을 중심으로 독립 협회의 기관지로 발간되었으며, 미국 감리교 선교사였던 호머 헐버트가 신문 창간과 발행 작업을 적극적으로 도왔어요. 인쇄는 감리교 출판국이었던 삼문출판사에서 이루어졌지요.

서재필은 조선 정부의 지원을 받아 4월 7일에 신문을 처음 발간했는데 4면 중 3면은 순수 국문으로, 1면은 영문으로 작성하였어요. 필진으로는 유길준, 윤치호, 이상재, 주시경 등이 참여하였지요.

언론 05

표현의 자유
마라탕 괴물이 학교를 덮쳤어!

한소희 기자는 기사를 쓰는 일에 점점 더 자신이 붙었어. 새로운 기삿거리를 찾기 위해 밖으로 취재를 나갔지. 그때 어느 학교에서 아이들 셋이 비명을 지르며 뛰어나오고 있었어.

"으아악, 마라탕 괴물이 나타났어!"

"아악! 급식실에서 나타났어요!"

한소희 기자가 황급하게 달려가서 세 아이를 붙잡았어.

"너희들 그게 무슨 소리야? 학교에서 무슨 일이 벌어진 거야?"

김서아가 학교 쪽을 가리키며 소리쳤어.

"급식으로 마라탕이 나온 거예요. 그런데 한 입만 먹어도 혀에 불이 붙을 정도였어요. 그래서 그만 먹으려고 했는데……."

김서아가 말을 제대로 하지 못하자, 오여름이 똑똑한 척을 했어.

"이건 마라탕 괴물이에요. 괴물! 학교에 마라탕 괴물이 나타나다니!"

이연우는 머뭇거리다가 한 마디를 보태었어.

"후유, 도망 나오는데 괴물이 쫓아오며 복도의 사물함을 다 쓰러뜨리는 것

같았어요."

한소희가 취재 수첩에 빽빽하게 아이들의 말을 적었어. 그러고는 김영우 기자로부터 배운 육하원칙에 따라 정리했지. 다만, 이번에는 좀 더 **자극적**으로 기사를 써 보았어. 다음 날 한소희 기자가 쓴 기사가 〈요미일보〉에 실렸고, 세 아이가 그걸 보게 되었어. 세 아이는 기사를 읽으며 점점 화난 표정이 되었어. 김서아가 문제 삼은 구절은 이 부분이야.

> **어휘 엿보기**
> • **자극적**(刺戟的)
> 감각이나 마음을 강하게 자극해 강한 반응이나 흥분을 일으키는 것
> • **모욕**(侮辱)
> 다른 사람을 깔보거나 망신 주는 말과 행동
> • **폭력적 표현**(暴力的 表現)
> 상대방에게 신체적·정신적으로 상처를 주거나, 위협·공포심을 일으키는 말이나 행동
> • **명예 훼손**(名譽 毁損)
> 사실이든 거짓이든, 다른 사람의 평판을 떨어뜨리는 말을 여러 사람에게 하는 것

'초등학생 김서아는 몹시 사나운 얼굴을 한 아이로 학교 급식실에서 제공한 마라탕이 생명을 위협할 만큼 매운맛이었다고 했다.'

"내가 사나운 얼굴이래. 이건 나를 **모욕**하는 거잖아!"

오여름은 다른 구절을 읽고 화를 냈어.

'오여름은 급식실에서 나타난 마라탕 괴물을 막으려고 복도의 사물함을 부수고, 창문을 다 깨뜨렸다.'

"이건 나에 대한 **폭력적 표현**이야. 또 사실과도 맞지 않아. 이건 **명예 훼손**으로 문제 삼아야 해."

평소 얌전하던 이연우도 기사를 보고 화를 냈어.

"기사와 상관도 없는 내 이야기를 써놨네. 내가 지난 시험에서 성적이 형편없던 아이라고 해놨어. 이건 사생활 침해 아니야?"

세 아이가 요미일보로 달려가서 항의하자, 한소희 기자가 방긋 웃었어.

"히히, 얘들아! 내가 쓴 기사 봤니?"

세 아이가 화를 내며 따졌지. 그런데 한소희 기자는 어이없다는 듯이 한마디 던지며 휙 가 버리고 말았어.

"너희들, 표현의 자유 몰라? 언론은 표현의 자유를 가진다고!" ★

요미월드 신문

강철 칫솔을 비난한 최악 아이돌

얼마 전 강철 칫솔 소개 기사가 나간 가운데 이를 원색적으로 비판한 이가 있습니다. 강철 칫솔의 우수함은 소비자들을 통해 충분히 증명되었는데도, 아이돌 그룹 요미즈의 멤버 채수빈은 해당 보도를 홍보성 기사라고 평가하며 믿어서는 안 된다고 주장했습니다.

채수빈은 요미즈의 멤버로 오래 활동해 온 인물로 춤과 노래 실력이 매우 부족해서 그룹에서 방출 위기를 겪은 인물입니다. 연습생 시절에는 부적절한 행동으로 논란을 일으킨 바 있습니다. 또한 요미즈의 리더인 고소희의 아름다운 외모를 질투해서 팬들에게 뒷담화를 하기도 했습니다. 채수빈은 강철 칫솔 관련 논란을 질문하려는 기자들의 전화를 피하고 있으며, 고소희는 "멤버 개인의 일은 그룹 전체와 무관하다"는 입장을 내놨습니다.

신문 해설

표현의 자유와 관련해 가장 오래된 사례 가운데 하나로 흔히 소크라테스를 떠올려요.

기원전 400년경 아테네의 철학자였던 그는 자신의 사상을 군중에게 이야기하기 좋아했고, 그의 생각을 따르는 젊은이들도 많았어요. 그러던 어느 날 위험한 사상을 퍼뜨리고 다닌다는 이유로 법정에 끌려가게 되지요.

이는 소크라테스를 달가워하지 않던 세력이 꾸민 일이었어요. 법정에서 그는 자신이 살아 있는 한, 진리에 대한 탐구와 깨달음을 전하고 표현하는 일을 결코 멈추지 않겠다고 말했어요. 표현의 자유를 인정받지 못한다면 차라리 죽음을 택하겠다는 뜻이었고, 결국 소크라테스에게 사형 선고가 내려졌지요.

표현의 자유는 오늘날 민주주의 사회에서 가장 중요하게 생각하는 가치 중 하나예요. 언론과 출판, 집회와 결사의 자유를 포괄하며, 예술과 학문의 자유까지도 포함하지요.

202×년 00월 00일

"와, 채수빈이 그런 인물이었다니! 아이돌 멤버에 대해 이렇게 자세하게 알려주는 기사라니, 참 훌륭해! 저렇게 솔직하게 표현의 자유를 실천하는 신문이 마음에 들어."

"저건 표현의 자유라고 할 수 없어. 한 개인을 지나치게 비난하고 있잖아. 게다가 채수빈 논란은 소문일 뿐인 것 같아. 사실 확인도 안 된 내용을 보도하는 건 표현의 자유라 할 수 없지."

똑똑한 문제와 정리

● 맞으면 ◯, 틀리면 ✕ 하세요.

① 가짜 뉴스도 표현의 자유에 의해 허용해야 한다. ☐

② 신문이 나오기 전에 잘못된 기사가 있는지 검열해야 한다. ☐

③ 신문 기사를 통해 사생활 침해를 하면 안 된다. ☐

● 다음 빈칸을 채우세요.

고대 그리스의 사상가로 표현의 자유의 중요성을 강조한 이는 ☐☐☐☐☐ 이다.

교과서 상식 백과

민주주의 사회에서는 표현의 자유를 억압하는 검열이나 처벌이 원칙적으로 금지돼요. 미국 독립전쟁과 프랑스 혁명을 거치며 표현의 자유는 빼앗기거나 양도할 수 없는 핵심적 인권으로 천명되었어요.

하지만 예외적으로 제한되는 것들도 있어요. 혐오 발언, 가짜 뉴스, 폭력적 표현은 타인의 권리를 침해하기 때문에 규제 대상이 돼요. 또 상업 광고나 음란물도 표현의 자유 범주에 포함되지만, 상업적 목적과 예술적 가치 여부에 따라 제한될 수 있어요. 사회 질서를 지키면서 동시에 자유를 보장하기 위해, 어디까지를 허용하고 어디까지를 제한할지는 늘 논란의 대상이 되고 있지요.

언론 06

언론과 마녀사냥
대충일보와 요미일보의 언론 전쟁

요미시에서 새로운 시장을 뽑기 위한 선거철이 되었어. 새 시장에 도전한 이들이 많았는데, 그중에 가장 인기가 높은 이는 김요미 후보였어. 서민들의 삶의 질을 높여 줄 공약을 많이 내놨거든. 투표를 일주일 남긴 날, 밤늦은 시각이었어. 김요미 씨는 길을 걷다가 한 노인을 보았어. 그 노인은 벤치에 쓰러져 있었어. 김요미 씨가 지갑에서 현금을 꺼내어 노인 앞에 내려놓았어. 그 순간, 그 모습을 촬영하는 이가 있었어. 바로 대충일보의 오보나 기자였지. 다음 날 대충일보에 대문짝만 하게 사진과 기사가 실렸어.

'김요미 후보! 돈으로 표를 구걸하다!'

대충일보의 **특종**을 남기남 국장도 보게 되었어.

"한 기자! 대충일보에 질 수 없잖아. 우리도 김요미 후보에 대한 기사를 내자고!"

"기자 정신을 발휘해서 **탐사 보도**를 해 볼게요!"

한소희 기자는 말만 앞섰어. 취재를 나가진 않고 대충일보의 사진만 뚫어지게 쳐다봤어.

'흠, 어마어마하게 큰돈을 줬네. 이게 대체 얼마지?'

다음 날 요미일보에 한소희 기자가 쓴 기사가 실렸어.

'김요미, 후보 자격 없다! 200만 원으로 표 얻으려 한 사연!'

기사가 나간 이후, 요미일보의 **판매 부수**가 대폭 늘었어. 그때부터 대충일보의 오보나 기자와 요미일보 한소희 기자의 언론 전쟁이 시작되었지. 대충일보의 오보나 기자는 김요미 후보가 평소에도 돈을 살포하고 다녔다고 했어. 요미일보의 한소희 기자는 이에 질세라 김요미 후보가 편식이 심하고 주위 사람에게 늘 짜증을 부린다고 보도했지. 두 언론의 마녀사냥이 계속되자, 김요미 후보의 지지율은 뚝뚝 떨어졌어.

남기남 국장은 신이 나서 한소희 기자를 불러서 칭찬했어.

"한 기자! 많이 늘었어. 그런 생생한 기사는 어떻게 쓴 거야?"

"다, 감이죠! 국민의 알 권리를 위해 감으로 쓰면 돼요."

남기남 국장은 김요미 후보에 대해 첫 보도를 한 대충일보에 실린 사진을 다시 쳐다보았어. 그런데 무언가 이상했어. 김요미 후보에게 돈을 받은 이가 자신이었던 거야. 그제야 남기남 국장은 그날 밤의 일이 기억났어. 자신이 퇴근길에 택시를 기다리다가 깜빡 졸고 있는데 누군가 만 원을 쥐어 주더니, 무어라 말할 새도 없이 자신을 부축해서 택시를 태워 보냈던 것이 기억났어. 남기남 국장이 깜짝 놀라서 한소희 기자를 다시 불렀어.

"한 기자! 정정 보도를 해야 해! 이건 **마녀사냥**일 뿐이야!"

남기남 국장이 요미일보를 창간한 이후, 가장 크게 반성한 날이었지. ★

어휘 엿보기

- **특종**(特種)
언론이 다른 곳보다 먼저, 중요한 사실을 최초로 보도하는 기사

- **탐사 보도**(探査 報道)
신문, 텔레비전 시사 프로그램 등에서 각종 사회 문제를 깊이 조사해 보도하는 것

- **판매 부수**(販賣 部數)
책, 신문, 잡지 등 출판물 가운데 실제로 독자가 구입해서 팔린 수량

- **마녀**(魔女)**사냥**
특정 사람에게 죄를 뒤집어씌우는 것을 비유적으로 이르는 말

요미월드 신문

최악 아이돌, 악플에 시달려

요미즈 멤버 채수빈에 대한 후속 보도입니다. 강철 칫솔을 비난했던 채수빈 관련 기사가 나간 후, 채수빈이 칩거에 들어갔다는 소식이 전해졌습니다. 첫 보도 이후 수많은 언론이 유사한 기사를 잇달아 쏟아내며 후속 보도가 이어졌고, 온라인 커뮤니티의 반응 또한 한층 더 뜨거워졌습니다.

일부 네티즌들은 채수빈의 과거를 집요하게 추적하며, 학창 시절 친구까지 나서서 '친구 가방을 안 들어 준 배려 없는 아이', '짜장면을 먹을 때 단무지를 과하게 먹던 식탐 있는 아이', '화장실을 혼자 오래 쓰는 아이'라는 악플을 달았습니다. 그러나 요미즈의 다른 멤버들은 특별한 대응을 하지 않았고, 한때 개념 아이돌로 불린 반민초는 "수빈 언니, 그렇게 나쁘지 않아요"라고 조심스레 전했습니다.

신문 해설

마녀사냥은 중세 중기부터 근대 초기에 북아프리카 일대에 행해졌던 마녀나 마법 행위에 대한 추궁과 재판, 형벌까지를 말해요. '마녀사냥' 또는 '마녀재판'이라고 부르며 유럽 전역으로 퍼지기도 했지요.

빗자루를 타고 하늘을 나는 마녀나 아이를 납치하거나 주문으로 이상한 약품을 만드는 마녀가 실제로 있을 리 없겠지요?

그런데도 사람들은 불행한 일이 생기면 그 일의 원인으로 지목할 '마녀'가 필요했어요. 이로 인해 수많은 사람들이 억울하게 죽었고, 검은 고양이 역시 마녀의 동물이라 믿어 사람을 해친다고 생각해 많은 이들과 함께 사형을 당했어요. 현대에서는 마녀로 지목돼 사형에 처하는 일은 없어요. 대신 주로 정치적으로 다른 견해를 가진 인물을 다수가 '악인'으로 몰기도 해요. 때로는 언론이 그 역할을 하기도 하고, 연예인들도 현대판 마녀사냥의 피해자가 되기도 하지요.

202×년 00월 00일

"저것 봐! 기사에서 말한 대로 사람들이 모두 채수빈을 비난하고 있어. 채수빈이 잘못된 말과 행동을 했으니 욕을 듣는 거겠지. 기사가 틀릴 리가 없잖아?"

"많은 언론이 채수빈이 마녀인 것처럼 몰아가고 있어. 이런 식의 보도는 분명 잘못된 거야. 큰 잘못도 없는 연예인에게 집단적으로 마녀사냥을 하는 건 절대 정당화될 수 없어."

똑똑한 문제와 정리

● 맞으면 ○, 틀리면 × 하세요.

① 마녀사냥을 하면 진짜 마녀를 잡기도 했다. ☐

② 국민의 알 권리를 위해 연예인의 사생활도 모두 보도해야 한다. ☐

③ 마녀재판에 끌려간 이들은 마녀로 몰린 억울한 이들이었다. ☐

● 다음 빈칸을 채우세요.

어떤 신문사나 방송사에서만 얻은 중요한 기사를 ☐☐ 이라고 한다.

교과서 상식 백과

옛날 마녀로 몰린 이들은 주로 엄청나게 부유한 과부들이나 종교를 믿지 않는 미혼 여성들이었어요. 이들 중에는 가족은 아무도 없으면서 돈은 엄청나게 많은 경우가 많았지요. 과부는 가까운 가족이 없어 재판에 증인으로 나설 사람이 없었고, 죽으면 그가 남긴 재산을 권력자들이 차지할 수 있었기 때문이에요. 또한 그리스의 약초학을 공부한 사람들, 아프리카에서 숭배하는 부두교라는 종교를 믿는 자들 역시 '악마를 숭배한다'는 억지스러운 이유를 대며 마녀로 잡아갔어요. 이 당시에는 마녀를 색출한다며 활동하는 마녀 사냥꾼들도 많았다고 해요.

언론 07

신문과 방송
김요미 후보를 구출하라!

　김요미 시장 후보에 대한 선정적인 기사는 대충일보와 요미일보뿐만 아니라 여러 방송에서도 다루었어. 대충일보와 자매 방송인 DCC 방송국의 오보만 기자도 취재 경쟁에 뛰어들었던 거야. 오보만 기자는 대충일보의 오보나 기자와 남매 사이였지.
　남기남 국장이 한소희 기자와 김영우 기자를 불러서 솔직하게 말했어.
　"내가 실수했네. 김요미 후보는 내게 친절을 베풀었던 거야. 그런데도 자극적인 기사로 위기에 빠뜨리고 말았군. 이걸 제대로 돌려놓아야 해."
　김영우 기자가 국장실에 있는 텔레비전을 켰어. 화면에 DCC의 오보만 기자가 **속보**를 전하고 있었어.
　"김요미 후보에 관한 새로운 소식입니다. 김요미 후보가 이번에는 선거 유세 때 토카토카 춤을 추어 물의를 일으켰습니다. 영상 한 번 보시죠!"

화면에 김요미 후보가 선거 유세차 위에서 춤추는 장면이 잡혔어. 그 앞의 유권자들이 김요미 후보를 성토하는 목소리가 들렸지.

"선거에 돈을 뿌려 놓고는 뭘 잘했다고 신나서 춤을 추는 거요!"

　김 기자가 그 장면을 가리키며 말했어.

"신문은 문자가 기반인 종이 매체인데 비해 텔레비전, 라디오 등 방송 매체는 **영상 매체**, **음성 매체**여서 실시간으로 신속 보도가 가능합니다. 우리가 다시 기사를 바로잡는다고 해도 효과가 있을까요?"

"그렇군! 저 생생한 방송의 현장감을 따라잡을 수 있을까?"

　그때 한소희 기자가 자리에서 벌떡 일어났어.

"흥! 참을 수가 없네. 제가 쓴 기사가 문제였으니 제가 바로잡아 볼게요."

"어떻게?"

　남기남 국장은 믿기 힘든 표정이었어. 한소희 기자가 바로 자리를 박차고 나갔지. 한소희 기자는 그길로 김요미 후보와 오보나 기자, 오보만 기자를 차례대로 취재했어. 오보나 기자에게는 그날 찍은 다른 사진들도 보여 달라고 했지. 김요미 후보에게는 그날 남기남 국장을 태워 보낸 택시 번호판을 기억하느냐고 물었어. 김요미 후보가 자신의 휴대 전화에 저장된 사진을 보여 주었어.

"깜빡했었네요. 혹시나 해서 찍어 둔 택시 사진이 있어요."

　한소희 기자는 모든 자료를 모아서 기사를 썼어. 처음으로 정확성과 **심층성**이 확실한 기사였어. 기사에 대해 호평이 쏟아졌어. 하지만 대중들은 대충일보와 DCC만 쳐다보았어. 요미일보는 이미 독자들로부터 외면받는 신세가 되어 있었던 거야. 한소희 기자가 깊은 한숨을 쉬었어.

"후유! 저 방송이 더 재밌긴 하네." ★

> **어휘 엿보기**
>
> • **속보**(速報)
> 어떤 사건이나 중요한 소식을 아주 빠르고 간단하게 알리는 뉴스
>
> • **영상 매체**(映像 媒體)
> 텔레비전이나 유튜브처럼 영상을 통해 정보를 전달하는 매체
>
> • **음성 매체**(音聲 媒體)
> 소리(음성)를 중심으로 정보를 전달하는 매체
>
> • **심층성**(深層性)
> 사물이나 사건의 속 깊이까지 의미와 내용을 지닌 성질

요미월드 신문

카메라에 포착된 선행 아이돌

　요미즈 멤버 채수빈에 대한 새로운 소식이 전해졌습니다. 최근 채수빈의 강철 칫솔 비난 발언으로 인해 아이돌 그룹 요미즈는 큰 위기를 맞았고, 채수빈을 옹호했던 또 다른 멤버 역시 비판을 받으며 해체 위기 소문까지 나돌았습니다. 팬들도 대거 이탈하여 채수빈은 칩거에 들어가 모습을 쉽게 볼 수 없었습니다.

　그런데 어제 한 방송사 카메라가 채수빈의 모습을 포착해 영상을 방송했습니다. 영상 속 채수빈은 모자를 깊게 눌러쓴 채 신분을 숨기면서 노숙자에게 선행을 베풀고 있었습니다. 이어서, 다리가 불편한 사람을 부축하거나 할머니의 무거운 짐을 들어 주는 모습도 확인되었습니다. 이 영상이 전파를 타자 채수빈에 대한 민심이 빠르게 돌아섰고, 해체 위기였던 요미즈 역시 다시금 찬사를 받게 되었습니다.

신문 해설

　신문은 지면에 문자로 정보를 전달하는 반면, 방송은 텔레비전 화면에 영상과 음성을 동시에 전달하는 것이 가장 큰 차이예요. 이런 차이로 인해 신문사 기자와 방송사 기자의 보도 방식이 달라지고, 취재 및 보도 과정에서도 여러 차이가 생기지요. 신문사 기자는 자신이 취재한 것을 한정된 지면 안에 생략할 것은 생략하고, 가장 중요한 사실과 논거만을 선별해 글로 작성해요. 반면 방송사 보도에서는 카메라 기자의 역할이 중요해요. 간단한 설명만으로도 포착된 영상 자체가 많은 정보를 전달해 줄 수 있기 때문이에요.

　방송사 보도가 신문 보도와 다른 가장 큰 차이점은 신속성이에요. 신문은 아침에 출간되는 것을 조간신문, 저녁에 출간되는 것을 석간신문이라고 하는데, 방송은 언제 어느 때이고 사건이 일어난 현장을 빠르게 보여 줄 수 있지요.

202×년 00월 00일

"역시 채수빈은 착하고 선한 아이돌이었네요. 나도 예전엔 신문에 난 기사만 보고 채수빈을 비난했지만, 영상에서 생생하게 보여 주고 있잖아요. 저렇게 착한 아이돌이 또 있을까요?"

"방송의 힘은 대단하죠. 하지만 영상 속 모습도 결국 카메라 앵글에 잡힌 그 순간에 불과해요. 화면 밖에서 어떤 일이 일어났는지는 우리가 알 수 없으니, 섣불리 판단해선 안 돼요."

똑똑한 문제와 정리

● 다음 빈칸을 채우세요.

아침에 읽을 수 있도록 나오는 신문을 ☐☐☐☐ 이라고 해요.

● 아래 신문과 방송의 차이에 대한 설명 중 옳은 것을 고르세요.

① 로드니 킹 사건은 신문의 영향력을 보여 준 사건이었어.
② 신문을 제작하려면 방송보다 더 많은 인력과 장비가 필요해.
③ 방송은 신문보다 신속하게 소식을 전할 수 있어.
④ 신문은 문자와 음성으로 전달해.

교과서 상식 백과

1991년 3월 3일, 미국 로스앤젤리스에서 경찰이 로드니 킹이라는 흑인을 무차별 폭행한 일이 발생했어요. 당시 킹이 운전하던 차를 경찰이 세우려 했으나 킹이 멈추지 않아 추격전이 벌어졌어요. 결국 경찰에 의해 차가 멈춰선 뒤, 로드니 킹은 심하게 구타당해 걷지 못할 정도로 중상을 입었지요.

그런데 이 모든 과정을 한 사람이 우연히 촬영했고, 해당 영상이 방송사 뉴스 시간에 보도되었어요. 화면을 통해 폭력 장면을 목격한 사람들은 분노했으며, 이 사건은 1년 뒤 대규모 폭동이 일어나는 직접적인 원인이 되었어요. 영상, 바로 텔레비전이 가진 힘이 크게 작용했던 일이죠.

뉴 미디어 세상
요미월드, 세상에 나오다!

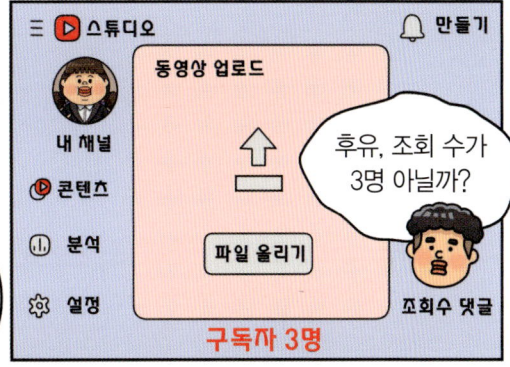
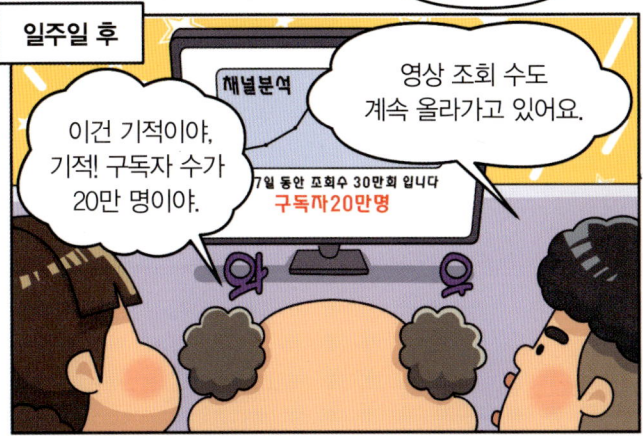

 어휘 엿보기

- **매체**(媒體) 어떤 일을 전달하거나 전하는 데 쓰이는 수단이나 도구
- **뉴 미디어**(new media) 전자 통신 기술이 발전하면서, 기존의 미디어에 상대하여 등장한 새로운 정보 교환 및 통신 수단
- **SNS**(social networking service) 인터넷에서 사람들끼리 소통하고, 정보를 나누는 서비스
- **유튜브**(YouTube) 구글이 운영하는 세계 최대의 온라인 동영상 공유 서비스
- **디지털 상호 작용**(Digital 相互 作用) 컴퓨터, 스마트폰, 인터넷 같은 디지털 기기를 통해 서로 주고받는 소통

요미월드 신문

요미월드 채널 개설!

이번 기사는 자사 소식을 전하는 기사입니다. 우리 신문사는 최근 경영 위기를 겪었습니다. 한때 아이돌 그룹 요미즈 관련 기사를 통해 큰 반향을 일으켰으나, 시간이 흐르며 독자들의 따가운 비판을 받는 상황에 놓이게 되었습니다. 이에 편집국은 여러 차례 반성과 토론의 시간을 가지며 앞으로 나아갈 길을 모색했습니다.

그 과정에서 김영우 기자가 "뉴 미디어 시대에 맞게 유튜브 채널을 해 보자"고 제안했고, 남기남 국장이 이를 수용하여 새 채널 개설을 결정했습니다. 채널명은 '요미월드'로 정했으며, 한소희 기자와 요미시 시민들, 그리고 아이돌 그룹 요미즈가 함께 출연할 예정입니다. 새로운 미디어의 길을 여는 '요미월드'에 많은 성원 부탁드리며, '좋아요'와 '구독'도 꼭 눌러 주시기 바랍니다!

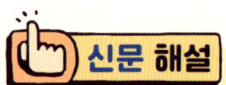
신문 해설

뉴 미디어는 영화, 그림, 음악, 언어, 문자 등의 전통적인 매체에 컴퓨터·통신 기술, 스마트 기기와 인터넷의 상호작용이 더해져 탄생한 새로운 매체를 말해요. 미디어 중에서 가장 빠른 변화를 보인 것은 휴대 전화예요. 휴대 전화로 인터넷, 음악 감상, 게임, 전자 상거래, 금융 거래 등 일상 속 거의 모든 일을 수행할 수 있게 되었기 때문이지요. 뉴 미디어의 등장은 전 세계 소통의 양을 크게 늘리고 양상 또한 변화시켰어요. 블로그, SNS, 유튜브 채널 등을 통해 개인이 직접 미디어 역할을 수행하는 현상이 나타났고, 국가 간의 경계 역시 허물어지고 있지요.

이런 뉴 미디어의 발달과 반비례하여 종이 매체들은 고전을 면치 못하고 있어요. 신문이나 출판 시장은 판매 부수와 발간 부수가 눈에 띄게 줄었으며, 이러한 흐름은 쉽사리 거스를 수 없을 것으로 보여요.

202×년 00월 00일

"뉴 미디어 시대라고 하지만 잘 해낼 수 있을지 걱정이에요. 종이 매체에 익숙한 우리가 과연 사람들이 좋아할 만한 발랄하고 흥미로운 콘텐츠를 만들어 낼 수 있을까요?"

"고리타분하게 하면 안 돼요! 요미즈 그룹을 불러서 춤도 추게 하고, 김서아 같은 깜찍하고 맹랑한 아이의 일상도 보여 주면 되죠. 뉴 미디어는 과감해야 하니까요!"

똑똑한 문제와 정리

● 다음 빈칸을 채우세요.

디지털 기술을 기반으로 나타난 새로운 미디어를 ☐☐☐ 라고 해요.

● 아래 뉴 미디어에 대한 설명 중 <u>틀린 것을</u> 고르세요.

① 신문이 대표적인 뉴 미디어 매체이다.
② 휴대 전화의 발달이 관련 있다.
③ 뉴 미디어의 출현으로 종이 매체는 뒤로 밀려나고 있다.
④ 뉴 미디어는 국가 간 경계를 허물어뜨리고 있다.

 교과서 상식 백과

유튜브와 SNS 등 뉴 미디어의 힘은 놀라워요. 2005년 프랑스에서는 대규모 폭동이 일어난 적이 있어요. 사건의 발단은 파리에서 이슬람계 소년 두 명이 경찰의 강압적인 검문을 피하려다 발생했어요.

두 소년은 변전소 안으로 몸을 숨겼지만, 불행히도 감전에 의해 목숨을 잃는 비극적인 사고가 벌어진 것이죠. 이 사건으로 분노한 이슬람계 청년들은 거리로 나서 폭동을 일으켰고, 시위는 열흘 동안 이어졌어요. 당시 청년들은 휴대 전화 메시지와 인터넷을 이용해 경찰의 움직임을 서로 실시간으로 알리고, 시위 장소와 집결 지점을 빠르게 공유하며 진압을 어렵게 만들었다고 해요.

요미월드 도와줘! 초등 신문 ①
절대 읽지 마, 신문

초판 1쇄 인쇄 2025년 9월 1일
초판 1쇄 발행 2025년 9월 3일

원작 요미월드
글 김지균 그림 이정수
발행인 심정섭
편집인 안예남
편집팀장 이주희   편집 도세희
제작 정승헌   출판마케팅 홍성현, 김호현, 신재철
디자인 루기룸
인쇄처 에스엠그린
발행처 ㈜서울문화사
등록일 1988년 2월 16일
등록번호 제2-484
주소 서울시 용산구 새창로 221-19
전화 02-799-9149(편집) | 02-791-0752(출판마케팅)

ISBN 979-11-7371-052-0
ISBN 979-11-7371-051-3(세트)

ⓒ요미월드. ⓒSANDBOX NETWORK.
ⓒSANDBOX NETWORK Inc. ALL RIGHTS RESERVED.

※ 본 상품은 ㈜샌드박스네트워크와의 정식 라이선스 계약에 의해
   ㈜서울문화사에서 제작, 판매하므로 무단 복제 및 판매를 금합니다.
※ 잘못된 제품은 구입하신 곳에서 교환해 드립니다.